SK 하이닉스

Maintenance/Operator SKCT

SK하이닉스

Maintenance/Operator SKCT

개정3판 발행   2025년 4월 4일
개정4판 발행   2026년 4월 24일

편 저 자 | 취업적성연구소
발 행 처 | ㈜서원각
등록번호 | 1999-1A-107호
주   소 | 경기도 고양시 일산서구 덕산로 88-45(가좌동)
교재주문 | 031-923-2051
팩   스 | 031-923-3815
교재문의 | 카카오톡 플러스 친구[서원각]
홈페이지 | goseowon.com

PREFACE

우리나라 기업들은 1960년대 이후 현재까지 비약적인 발전을 이루었다. 이렇게 급속한 성장을 이룰 수 있었던 배경에는 우리나라 국민들의 근면성 및 도전정신이 있었다. 그러나 빠르게 변화하는 세계 경제의 환경에 적응하기 위해서는 근면성과 도전정신 이외에 또 다른 성장 요인이 필요하다.

최근 많은 공사·공단에서는 기존의 직무 관련성에 대한 고려 없이 인·적성, 지식 중심으로 치러지던 필기전형을 탈피하고, 산업현장에서 직무를 수행하기 위해 요구되는 능력을 산업부문별·수준별로 체계화 및 표준화한 NCS를 기반으로 하여 채용공고 단계에서 제시되는 '직무설명자료'상의 직업기초능력과 직무수행능력을 측정하기 위한 직업기초능력평가, 직무수행능력평가 등을 도입하고 있다.

SK하이닉스에서도 업무에 필요한 역량 및 책임감과 적응력 등을 구비한 인재를 선발하기 위하여 고유의 종합 역량 검사를 치르고 있다. 본서는 SK하이닉스 고졸 및 전문대졸 채용대비를 위한 필독서로 SK하이닉스 필기시험의 출제경향을 철저히 분석하여 응시자들이 보다 쉽게 시험유형을 파악하고 효율적으로 대비할 수 있도록 구성하였다.

신념을 가지고 도전하는 사람은 반드시 그 꿈을 이룰 수 있습니다. 처음에 품은 신념과 열정이 취업 성공의 그 날까지 빛바래지 않도록 서원각이 수험생 여러분을 응원합니다.

STRUCTURE

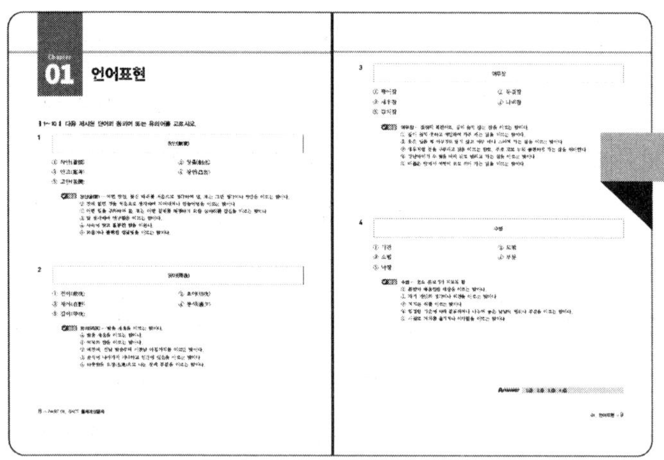

출제예상문제

적중률 높은 영역별 출제예상문제를 상세하고 꼼꼼한 해설과 함께 수록하여 학습효율을 확실하게 높였습니다.

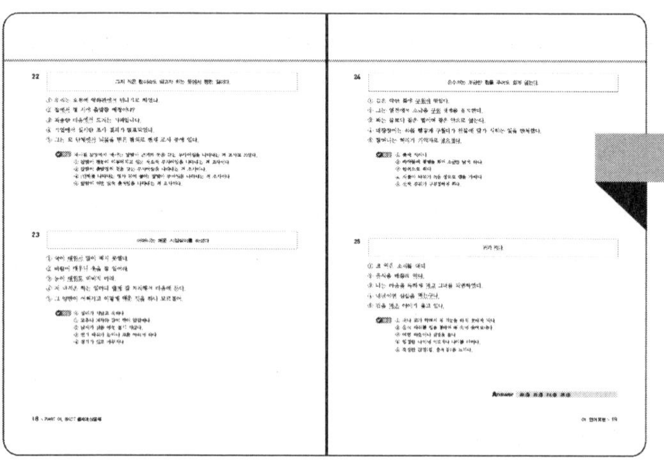

해설

상세한 해설을 통해 각 문제에 대한 완전학습을 가능하도록 하였습니다. 정답을 맞힌 문제라도 꼼꼼한 해설을 통해 다시 한 번 내용을 확인할 수 있습니다.

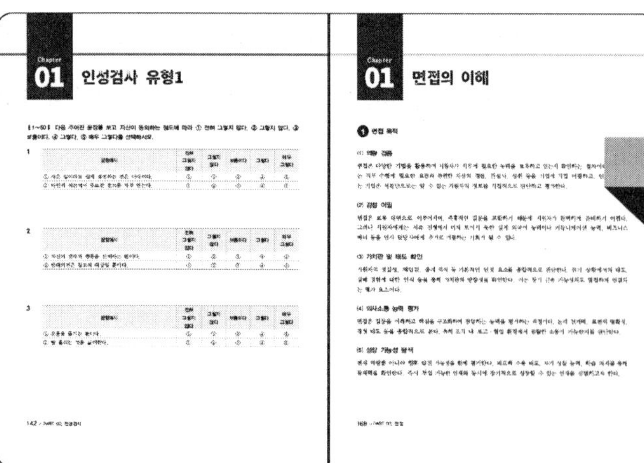

인성검사 및 면접

실전 인성검사와 면접기출을 수록하여 취업의 마무리까지 깔끔하게 책임집니다.

CONTENTS

┃1~10┃ 다음 제시된 단어의 동의어 또는 유의어를 고르시오.

1

> 창안(創案)

① 착안(着眼)　　　　　　　② 창출(創出)

③ 안고(案考)　　　　　　　④ 창언(昌言)

⑤ 고안(苦顔)

> ✔ 해설　창안(創案) … 어떤 방안, 물건 따위를 처음으로 생각하여 냄, 또는 그런 생각이나 방안을 이르는 말이다.
> ② 전에 없던 것을 처음으로 생각하여 지어내거나 만들어냄을 이르는 말이다.
> ① 어떤 일을 주의하여 봄, 또는 어떤 문제를 해결하기 위한 실마리를 잡음을 이르는 말이다.
> ③ 잘 생각하여 연구함을 이르는 말이다.
> ④ 사리에 맞고 훌륭한 말을 이른다.
> ⑤ 괴롭거나 불쾌한 얼굴빛을 이르는 말이다.

2

> 망야(罔夜)

① 전야(前夜)　　　　　　　② 초야(初夜)

③ 재야(在野)　　　　　　　④ 통석(通夕)

⑤ 갑야(甲夜)

> ✔ 해설　망야(罔夜) … 밤을 새움을 이르는 말이다.
> ④ 밤을 새움을 이르는 말이다.
> ① 어제의 밤을 이르는 발이다.
> ② 예전에, 전날 밤중부터 이튿날 아침까지를 이르던 말이다.
> ③ 공직에 나아가지 아니하고 민간에 있음을 이르는 말이다.
> ⑤ 하룻밤을 오경(五更)으로 나눈 첫째 부분을 이르는 말이다.

3

여우잠

① 괭이잠　　　　　　　　　② 등걸잠

③ 새우잠　　　　　　　　　④ 나비잠

⑤ 갈치잠

> ✔**해설**　여우잠 … 겉잠의 북한어로, 깊이 들지 않는 잠을 이르는 말이다.
> ① 깊이 들지 못하고 예민하여 자주 깨는 잠을 이르는 말이다.
> ② 옷은 입을 채 아무것도 덮지 않고 아무 데나 스러져 자는 잠을 이르는 말이다.
> ③ 새우처럼 등을 구부리고 잠을 이르는 말로, 주로 모로 누워 불편하게 자는 잠을 의미한다.
> ④ 갓난아이가 두 팔을 머리 위로 벌리고 자는 잠을 이르는 말이다.
> ⑤ 비좁은 방에서 여럿이 모로 끼어 자는 잠을 이르는 말이다.

4

수범

① 사견　　　　　　　　　　② 모범

③ 소범　　　　　　　　　　④ 부문

⑤ 낙향

> ✔**해설**　수범 … 몸소 본보기가 되도록 함
> ② 본받아 배울만한 대상을 이르는 말이다.
> ① 자기 개인의 생각이나 의견을 이르는 말이다.
> ③ 저지른 죄를 이르는 말이다.
> ④ 일정한 기준에 따라 분류하거나 나누어 놓은 낱낱의 범위나 부분을 이르는 말이다.
> ⑤ 시골로 거처를 옮기거나 이사함을 이르는 말이다.

Answer　1.② 2.④ 3.① 4.②

5

전횡

① 남용　　　　　　　　　② 건널목
③ 착복　　　　　　　　　④ 전람
⑤ 독재

> **✔해설** 전횡 … 권세를 혼자 쥐고 제 마음대로 함
> ⑤ 특정한 개인, 단체, 계급, 당파 따위가 어떤 분야에서 모든 권력을 차지하여 모든 일을 독단으로 처리함
> ① 일정한 기준이나 한도를 넘어서 함부로 씀
> ② 강, 길, 내 따위에서 건너다니게 된 일정한 곳
> ③ 남의 금품을 부당하게 자기 것으로 함
> ④ 소개, 교육, 선전 따위를 목적으로 필요한 물품을 일정한 장소에 모아 진열하여 놓고 여러 사람에게 보임

6

해감

① 사레　　　　　　　　　② 지갈
③ 구분　　　　　　　　　④ 찌꺼기
⑤ 정화

> **✔해설** 해감 … 바닷물 따위에서 흙과 유기물이 썩어 생기는 냄새나는 찌꺼기
> ① 음식을 잘못 삼켜 기관 쪽으로 들어가게 되었을 때 갑자기 기침처럼 뿜어져 나오는 기운
> ② 목마름이 그침 또는 목마름을 그치게 함
> ③ 일정한 기준에 따라 전체를 몇 개로 갈라 나눔
> ⑤ 불순하거나 더러운 것을 깨끗하게 함

7

가멸다

① 마르다 ② 넉넉하다

③ 굳세다 ④ 곰삭다

⑤ 빈약하다

> **✔해설** 가멸다 … 재산이나 자원 따위가 넉넉하고 많다.
> ※ 곰삭다
> ㉠ 옷 따위가 오래되어서 올이 삭고 질이 약해지다.
> ㉡ 젓갈 따위가 오래되어서 푹 삭다
> ㉢ 풀, 나뭇가지 따위가 썩거나 오래되어 푸슬푸슬해지다.

8

뒤퉁스럽다

① 미련하다 ② 흔들리다

③ 기울어지다 ④ 뚱뚱하다

⑤ 민첩하다

> **✔해설** 뒤퉁스럽다 … 미련하거나 찬찬하지 못하여 일을 잘 저지를 듯하다.

9

남새

① 채소 ② 낌새

③ 놀림 ④ 간첩

⑤ 냄새

> **✔해설** 남새 … 밭에서 기르는 농작물(＝채소)

10

요해

① 깨닫다　　　　　　　　② 느끼다
③ 맛보다　　　　　　　　④ 바라다
⑤ 말하다

> ✔ **해설** 요해(了解) … 깨달아 알아냄

▌11~20▐ 다음 제시된 단어의 반의어 또는 상대어를 고르시오.

11

융성(隆盛)

① 융창(隆昌)　　　　　　② 치성(熾盛)
③ 창성(昌盛)　　　　　　④ 조사(徂謝)
⑤ 번연(蕃衍)

> ✔ **해설** 융성(隆盛) … 기운차게 일어나거나 대단히 번성함을 이르는 말이다.
> ④ 쇠퇴하여 감을 이르는 말이다.
> ① 융성과 같은 뜻으로, 기운차게 일어나거나 대단히 번성함을 이르는 말이다.
> ② 불길같이 성하게 일어남을 이르는 말이다.
> ③ 기세가 크게 일어나 잘 뻗어 나감을 이르는 말이다.
> ⑤ 번연(蕃衍) : 한참 성하게 일어나 퍼짐을 이르는 말이다.

12

완고하다

① 트릿하다   ② 고루하다

③ 무르익다   ④ 뜬뜬하다

⑤ 강퍅하다

> ✔ **해설** 완고하다 … 융통성이 없이 올곧고 고집이 세다.
> ① 맺고 끊는 데가 없이 흐리터분하고 똑똑하지 않다.
> ② 낡은 관념이나 습관에 젖어 고집이 세고 새로운 것을 잘 받아들이지 아니하다.
> ③ 과일이나 곡식 따위가 충분히 익다. 또는 시기나 일이 충분히 성숙되다.
> ④ 어떤 것에 대한 믿음으로 마음이 허전하거나 두렵지 않고 굳세다.
> ⑤ 성격이 까다롭고 고집이 세다.

13

은폐

① 엄폐   ② 전제

③ 갈래   ④ 선제

⑤ 표출

> ✔ **해설** 은폐 … 덮어 감추거나 가리어 숨김
> ⑤ 겉으로 나타냄
> ① 가리어 숨김
> ② 어떠한 사물이나 현상을 이루기 위하여 먼저 내세우는 것
> ③ 갈라진 낱낱을 세는 단위
> ④ 선수를 쳐서 상대편을 제압함

Answer   10.①   11.④   12.①   13.⑤

14

혼동

① 촌각　　　　　　　　　　② 격동
③ 분별　　　　　　　　　　④ 표제
⑤ 방관

> **✔ 해설** 혼동 … 구별하지 못하고 뒤섞어서 생각함
> ③ 서로 다른 일이나 사물을 구별하여 가름
> ① 매우 짧은 동안의 시간
> ② 정세 따위가 급격하게 움직임
> ④ 서책의 겉에 쓰는 그 책의 이름
> ⑤ 어떤 일에 직접 나서지 않고 곁에서 보기만 함

15

무르다

① 누르다　　　　　　　　　② 모시다
③ 인정하다　　　　　　　　④ 견고하다
⑤ 둔하다

> **✔ 해설** 무르다 … 여리고 단단하지 않다.
> ④ 굳고 단단하다.
> ① 물체의 전체 면이나 부분에 대하여 힘이나 무게를 가하다.
> ② 웃어른이나 존경하는 이를 가까이에서 받들다.
> ③ 확실히 그렇다고 여기다.
> ⑤ 감각이나 동작이 예리하지 못하고 느리다.

16

받들다

① 가미하다　　　　　　　　② 부응하다
③ 에두르다　　　　　　　　④ 추앙하다
⑤ 경시하다

> ✔ **해설** 받들다 … 공경하여 모시다. 또는 소중히 대하다.
> ⑤ 대수롭지 않게 보거나 업신여기다.
> ① 맛이 나도록 음식 따위에 양념이나 식료품을 더 넣다.
> ② 기대나 요구에 어긋나지 않게 응하다.
> ③ 에워서 둘러막다.
> ④ 높이 받들어 우러러보다.

17

번망하다

① 어수선하다　　　　　　　② 혁신하다
③ 한산하다　　　　　　　　④ 발생하다
⑤ 막연하다

> ✔ **해설** 번망하다 … 번거롭고 어수선하여 매우 바쁘다.
> ③ 일이 없어 한가하다
> ① 사물이 얽히고 뒤섞여 가지런하지 아니하고 마구 헝클어져 있다.
> ② 묵은 풍속, 관습, 조직, 방법 따위를 완전히 바꾸어서 새롭게 하다.
> ④ 어떤 일이나 사물이 생겨나다.
> ⑤ 뚜렷하지 못하고 어렴풋하다.

18

각축하다

① 쟁론하다　　　　　　　　② 굴종하다

③ 이전하다　　　　　　　　④ 화유하다

⑤ 상충하다

　　✔해설　각축하다 … 서로 이기려고 다투며 덤벼들다.
　　　　② 제 뜻을 굽혀 남에게 복종하다.
　　　　① 서로 다투어 토론하다.
　　　　③ 권리 따위를 남에게 넘겨주거나 넘겨받다.
　　　　④ 부드럽고 온화하다.
　　　　⑤ 맞닥뜨리거나 서로 어긋나다.

19

왕왕

① 축전　　　　　　　　　　② 융통

③ 이따금　　　　　　　　　④ 항용

⑤ 결코

　　✔해설　왕왕 … 시간의 간격을 두고 이따금
　　　　④ 흔히 늘
　　　　① 일정한 액수에서 모자라는 돈
　　　　② 금전, 물품 따위를 돌려씀
　　　　③ 얼마쯤씩 있다가 가끔
　　　　⑤ 어떤 경우에도 절대로

20

곧추다

① 돋우다　　　　　　　　　② 추리다
③ 굽히다　　　　　　　　　④ 곧차다
⑤ 올곧다

> **✔해설** 곧추다 … 굽은 것을 곧게 바로잡다
> ① 위로 끌어 올려 도드라지거나 높아지게 하다.
> ② 섞여 있는 것에서 여럿을 뽑아내거나 골라내다.
> ④ 발길로 곧게 내어 지르다.
> ⑤ 마음이나 행실이 바르고 곧다

▌21~27▐ 다음에 제시된 문장의 밑줄 친 부분과 같은 의미로 쓰인 것을 고르시오.

21

우울한 생각과 나쁜 버릇을 <u>고치기</u> 위해 매일 밤 일기를 쓰려고 한다.

① 쇄신하다　　　　　　　　② 다스리다
③ 수선하다　　　　　　　　④ 개선하다
⑤ 갈음하다

> **✔해설** 제시된 문장의 '고치다'는 잘못되거나 틀린 것을 바로 잡는 의미로 쓰였다.
> ① 이름이나 제도 따위를 바꾸는 것을 의미한다.
> ② 병 따위를 낫게 하는 것을 의미한다.
> ③ 고장이 나거나 못 쓰게 된 물건을 손질하여 제대로 되게 하는 것을 의미한다.
> ⑤ 다른 것으로 바꾸어 대신하는 것을 의미한다.

Answer　18.② 19.④ 20.③ 21.④

22

그저 작은 힘이라도 되고자 하는 <u>뜻에서</u> 행한 일이다.

① 우리는 오전에 영화관<u>에서</u> 만나기로 하였다.

② 집<u>에서</u> 몇 시에 출발할 예정이냐?

③ 죄송한 마음<u>에서</u> 드리는 사과입니다.

④ 기업<u>에서</u> 실시한 조사 결과가 발표되었다.

⑤ 그는 모 단체<u>에서</u> 뇌물을 받은 혐의로 현재 조사 중에 있다.

> **✔해설** 제시된 문장에서 '에서'는 앞말이 근거의 뜻을 갖는 부사어임을 나타내는 격 조사로 쓰였다.
> ① 앞말이 행동이 이루어지고 있는 처소의 부사어임을 나타내는 격 조사이다.
> ② 앞말이 출발점의 뜻을 갖는 부사어임을 나타내는 격 조사이다.
> ④ (단체를 나타내는 명사 뒤에 붙어) 앞말이 주어임을 나타내는 격 조사이다.
> ⑤ 앞말이 어떤 일의 출처임을 나타내는 격 조사이다.

23

어머니는 <u>매운</u> 시집살이를 하셨다

① 국이 <u>매워서</u> 많이 먹지 못했다.

② 바람이 <u>매우니</u> 옷을 잘 입어라.

③ 눈이 <u>매워도</u> 비비지 마라.

④ 저 녀석은 하는 일마다 <u>맵게</u> 잘 처리해서 마음에 든다.

⑤ 그 양반이 어쩌자고 이렇게 <u>매운</u> 짓을 하나 모르겠어.

> **✔해설** ⑤ 성미가 사납고 독하다.
> ① 고추나 겨자와 같이 맛이 알알하다.
> ② 날씨가 살을 에듯 몹시 차갑다.
> ③ 연기 따위가 눈이나 코를 아리게 하다.
> ④ 결기가 있고 야무지다.

24

> 은수저는 조금만 힘을 주어도 쉽게 <u>굽는다</u>.

① 김은 약한 불에 <u>구워야</u> 맛있다.

② 그는 염전에서 소금을 <u>구워</u> 생계를 유지한다.

③ 피는 물보다 짙은 법이며 팔은 안으로 <u>굽는다</u>.

④ 대장장이는 쇠를 빨갛게 <u>구웠다가</u> 찬물에 담가 식히는 일을 반복했다.

⑤ 할머니는 허리가 기역자로 <u>굽으셨다</u>.

> **✔해설** ① 불에 익히다.
> ② 바닷물에 햇볕을 쬐어 소금만 남게 하다.
> ③ 한쪽으로 휘다.
> ④ 쇠붙이 따위가 녹을 정도로 열을 가하다.
> ⑤ 신체 부위가 구부정하게 휘다.

25

> 귀가 <u>먹다</u>.

① 코 <u>먹은</u> 소리를 내다

② 음식을 배불리 <u>먹다</u>.

③ 나는 마음을 독하게 <u>먹고</u> 그녀를 외면하였다.

④ 내년이면 삼십을 <u>먹는구나</u>.

⑤ 겁을 <u>먹은</u> 아이가 울고 있다.

> **✔해설** ① 귀나 코가 막혀서 제 기능을 하지 못하게 되다.
> ② 음식 따위를 입을 통하여 배 속에 들여보내다.
> ③ 어떤 마음이나 감정을 품다.
> ④ 일정한 나이에 이르거나 나이를 더하다.
> ⑤ 특정한 감정(겁, 충격 등)을 느끼다.

Answer　22.③　23.⑤　24.③　25.①

26

며칠째 <u>아침</u>을 굶었다.

① 그는 <u>아침</u> 일찍 일어나는 편이다.

② 그는 <u>아침</u>을 거른 채 출근하였다.

③ 젊은이들은 이른 <u>아침</u>부터 극장 앞에 줄을 서 있었다.

④ 오늘은 <u>아침</u> 신문이 늦게 배달되었다.

⑤ <u>아침</u> 기온이 영하로 떨어졌다.

> **✔해설** ② 오전에 끼니를 먹는 일
> ①③④⑤ 날이 새면서 오전 반나절쯤까지의 동안

27

누군가가 뒤에서 내 어깨를 <u>잡아</u> 흔들었다.

① 국왕의 존재는 유명무실해지고, 귀족들이 실권을 <u>잡게</u> 되었다.

② 그는 이 시장의 상권을 꽉 <u>잡고</u> 있다.

③ 재영이의 힘 있는 손이 그의 손을 <u>잡았다</u>.

④ 인조 등극 후에 정권을 <u>잡은</u> 것은 서인이었다.

⑤ 우리는 이번 기회를 놓치지 말고 꼭 <u>잡아야</u> 한다.

> **✔해설** ③ 손으로 움키고 놓지 않다.
> ①②④ 권한 따위를 차지하다.
> ⑤ 기회나 유리한 상황을 자기 것으로 만들다.

┃28~30┃ 다음 빈칸에 들어갈 어휘로 가장 적절한 것을 고르시오.

28

> 그는 잦은 야근으로 얼굴이 창백해지고 ______없어 보인다.

① 헌기
② 허기
③ 현기
④ 혈기
⑤ 호기

✔해설 ① 수레와 말을 탐 또는 그 수레와 말
② 속이 비어 허전한 기운
③ 뽐내는 마음
④ 힘을 쓰고 활동하게 하는 원기
⑤ 씩씩하고 호탕한 기운

29

> 다시 한 번 이 행사를 위해 힘써 주신 여러분께 감사드리며, 이것으로 인사말을 ______하겠습니다.

① 갈음
② 가름
③ 가늠
④ 갸름
⑤ 가람

✔해설 ① 본디 것을 대신에 다른 것으로 가는 일
② 따로따로 갈라놓는 일
③ 목표나 기준에 맞고 안 맞음을 헤아리는 일
④ 보기 좋을 정도로 조금 가늘고 긴 듯함
⑤ '강'을 뜻하는 옛말 혹은 이름

Answer   26.②   27.③   28.④   29.①

30

이번 프로젝트의 성공 여부는 팀원들이 얼마나 ________ 협력하느냐에 달려 있다.

① 유기적

② 형식적

③ 수직적

④ 단편적

⑤ 일방적

> **✔해설** ① 전체를 구성하는 각 부분이 서로 밀접하게 관련되어 떼어 낼 수 없는 것
> ② 겉모양만 갖추고 속내용이나 실속이 없는 것
> ③ 위에서 아래로 이어지는 계급이나 서열 중심적인 것
> ④ 전체의 한 부분으로서 뚝뚝 끊겨 있는 것
> ⑤ 어느 한쪽의 의사만 강요하거나 치우쳐 있는 것

┃31~35┃ 다음 의미를 나타내는 사자성어로 옳은 것을 고르시오.

31

두 사람의 싸움에 제삼자가 이익을 봄

① 곤수유투(困獸猶鬪)

② 견토지쟁(犬免之爭)

③ 괄목상대(刮目相對)

④ 고장난명(孤掌難鳴)

⑤ 각골난망(刻骨難忘)

> **✔해설** ① 위급할 때는 아무리 약한 짐승이라도 싸우려고 덤빔
> ③ 남의 학식이나 재주가 놀랄 만큼 부쩍 늚을 이르는 말
> ④ 혼자의 힘만으로 어떤 일을 이루기 어려움을 이르는 말
> ⑤ 입은 은혜가 뼈에 새길 만큼 커서 잊혀지지 아니함

32

가까운 혈족끼리 서로 싸움

① 공중누각(空中樓閣)　　　　② 구우일모(九牛一毛)

③ 광일미구(曠日彌久)　　　　④ 교주고슬(膠柱鼓瑟)

⑤ 골육상쟁(骨肉相爭)

✔ 해설　① 아무런 근거나 토대가 없는 사물이나 생각을 이르는 말
　　　　② 아홉 마리 소의 털 중 하나라는 뜻으로, 아주 큰 것 속에 있는 아주 작은 존재를 의미함
　　　　③ 헛되어 세월을 보내며 일을 오래 끎을 이르는 말
　　　　④ 고지식하여 조금도 융통성이 없음을 이르는 말

33

훌륭한 것 뒤에 보잘것없는 것이 뒤따름

① 과전이하(瓜田梨下)　　　　② 구밀복검(口蜜腹劍)

③ 교각살우(矯角殺牛)　　　　④ 구미속초(狗尾續貂)

⑤ 권토중래(捲土重來)

✔ 해설　① 의심받기 쉬운 행동은 피하는 것이 좋음을 이르는 말
　　　　② 말로는 친한 듯하나 속으로는 해칠 생각이 있음을 이르는 말
　　　　③ 잘못된 점을 고치려다가 그 방법이나 정도가 지나쳐 오히려 일을 그르침을 이르는 말
　　　　⑤ 흙먼지를 일으키며 다시 온다는 뜻으로, 한번 실패한 사람이 힘을 회복하여 다시 쳐들어옴을 의미함

34

사소한 일에 크게 성내어 덤빔

① 견리사의(見利思義) ② 결자해지(結者解之)

③ 견문발검(見蚊拔劍) ④ 경국지색(傾國之色)

⑤ 과유불급(過猶不及)

> **✔ 해설** ① 눈앞의 이익을 보면 의리를 먼저 생각함을 이르는 말
> ② 자기가 저지른 일은 자기가 해결해야 함을 이르는 말
> ④ 뛰어나게 아름다운 미인을 이르는 말
> ⑤ 정도에 지나침은 미치지 못한 것과 같음을 의미함

35

정도를 지나침은 미치지 못함과 같다.

① 구절양장(九折羊腸) ② 국사무쌍(國士無雙)

③ 군맹무상(群盲撫象) ④ 과유불급(過猶不及)

⑤ 권선징악(勸善懲惡)

> **✔ 해설** ① 아홉 번 꼬부라진 양의 창자
> ② 나라에서 견줄 사람이 없을 정도로 빼어난 선비
> ③ 맹인 여럿이 코끼리를 만진다.
> ⑤ 착한 일을 권장하고 악한 일을 벌함

36

> 굉장히 화가 나서 참지 못함

① <u>비분강개</u>로 회사까지 망하다니 이를 어쩌면 좋니?

② 상대팀의 전술에 <u>비분강개</u>로 당하다니 그러고도 할 말이 있느냐?

③ 그 의병장은 <u>비분강개</u>하여 마을의 청년들을 모아놓고 의병조직을 일으켰다.

④ 휴~ 다치지 않았니? 갑자기 돌이 날아오다니. <u>비분강개</u>했구나.

⑤ 시험 성적이 생각보다 잘 나와서 <u>비분강개</u>한 나머지 친구들에게 한턱을 냈다.

> **해설** ① 설상가상(雪上加霜) : 난처한 일이나 불행한 일이 잇따라 일어남을 이르는 말
> ② 속수무책(束手無策) : 손을 묶은 것처럼 어찌할 도리가 없어 꼼짝 못함
> ④ 십년감수(十年減壽) : 수명이 십 년이나 줄 정도로 위험한 고비를 겪음
> ⑤ 기고만장(氣高萬丈) : 일이 뜻대로 잘될 때, 우쭐하여 뽐내는 기세가 대단함

37

> 사람의 길흉화복은 예측하기 어려움

① 너무 걱정하지 마라. <u>새옹지마</u>라고 앞으로 이 일로 인해 네가 어떻게 될 지는 아무도 모른다.

② 그 대대장은 <u>새옹지마</u>의 자세로 부하 직원들에게 모범을 보였다.

③ 오늘부터 저희 둘은 부부가 되어 <u>새옹지마</u> 할 것을 여러분 앞에 맹세합니다.

④ 그 지휘관은 <u>새옹지마</u>가 뚜렷하여 다른 사람들에게 많은 신뢰를 얻고 있다.

⑤ 이번 여름 휴가지는 경치가 아주 <u>새옹지마</u>해서 가족들 모두가 만족했다.

> **해설** ② 살신성인(殺身成仁) : 자기의 몸을 희생하여 인(仁)을 이룸
> ③ 백년해로(百年偕老) : 부부가 되어 한평생을 사이좋게 지내고 즐겁게 함께 늙음
> ④ 신상필벌(信賞必罰) : 상과 벌을 공정하고 엄중하게 하는 일을 이르는 말
> ⑤ 금수강산(錦繡江山) : 비단에 수를 놓은 것처럼 아름다운 산천이라는 뜻으로, 우리나라의 산천을 비유적으로
> 이르는 말

Answer　　34.③　35.④　36.③　37.①

38

> 그 움직임을 알 수 없을 만큼 자유자재로 나타나고 사라짐

① 그 둘이 서로 싸우고 있는 사이에 내가 <u>신출귀몰</u>로 그 떡을 먹었다.

② 경찰이 샅샅이 수색을 하고 있지만 탈출한 범인의 행방은 아직까지도 <u>신출귀몰</u>이다.

③ 그는 <u>신출귀몰</u>로 그 위기를 모면하였다.

④ 이번에 새로 산 컴퓨터의 성능이 아주 <u>신출귀몰</u>하여 게임이 아주 잘 돌아간다.

⑤ 홍길동의 <u>신출귀몰</u>한 행적으로 인해 조정에서 그를 잡기란 하늘의 별따기이다.

> **✔ 해설** ① 어부지리(漁父之利) : 두 사람이 이해관계로 서로 싸우는 사이에 엉뚱한 사람이 애쓰지 않고 가로챈 이익을
> 이르는 말
> ② 오리무중(五里霧中) : 무슨 일에 대하여 방향이나 갈피를 잡을 수 없음을 이르는 말
> ③ 임기응변(臨機應變) : 그 때 그 때 처한 사태에 맞추어 즉각 그 자리에서 결정하거나 처리함
> ④ 천하무적(天下無敵) : 세상에 겨룰 만한 적수가 없음

39

> 곁에 사람이 없는 것처럼 제멋대로 행동함

① 그는 다른 사람의 일에 <u>방약무인</u> 간섭하고 있다.

② 임진왜란 당시 의병들은 <u>방약무인</u>의 자세로 나라를 위해 싸웠다.

③ 아침부터 그들의 대결을 보기 위해 사람들이 <u>방약무인</u>을 이뤘다.

④ 사무실에 갑자기 한 남자가 나타나더니 그의 행동이 완전 <u>방약무인</u>이더라.

⑤ 이번 신제품은 디자인이 아주 <u>방약무인</u>해서 눈에 띄게 예쁘다.

> **✔ 해설** ① 사사건건(事事件件) : 해당되는 모든 일마다. 또는 매사에
> ② 멸사봉공(滅私奉公) : 사욕을 버리고 공익을 위해 힘씀
> ③ 문전성시(門前成市) : 찾아오는 사람이 많아 집 문 앞이 시장을 이루다시피 함을 이르는 말
> ⑤ 군계일학(群鷄一鶴) : 닭의 무리 가운데에서 한 마리의 학이란 뜻으로, 많은 사람 가운데서 뛰어난 인물을
> 이르는 말

절반은 믿어지고 절반은 의심스러움

① 그는 단 한 번의 로또 당첨으로 <u>반신반의</u>를 사들였다.

② 사람들은 그 사장의 말에 <u>반신반의</u>하였다.

③ 호랑이와 사자의 대결이 가히 <u>반신반의</u>구나

④ 담배는 <u>반신반의</u>이다.

⑤ 철수는 성격이 아주 <u>반신반의</u>해서 누구와도 금방 친해진다.

✔ 해설 ① 문전옥답(門前沃畓) : 집 가까이에 있는 기름진 논
③ 백중지세(伯仲之勢) : 서로 우열을 가리기 힘든 형세
④ 백해무익(百害無益) : 해롭기만 하고 하나도 이로운 바가 없음
⑤ 낙락목목(落落穆穆) : 성격이 원만하여 모남이 없다.

Answer 38.⑤ 39.④ 40.②

1 다음을 읽고 우리가 음식물을 통해 필수아미노산을 공급해줘야 하는 이유로 가장 옳은 것은?

> 단백질이 지속적으로 분해됨에도 불구하고 체내 단백질의 총량이 유지되거나 증가할 수 있는 것은 세포 내에서 단백질 합성이 끊임없이 일어나기 때문이다. 단백질 합성에 필요한 아미노산은 세포 내에서 합성되거나, 음식으로 섭취한 단백질로부터 얻거나, 체내 단백질을 분해하는 과정에서 생성된다. 단백질 합성에 필요한 아미노산 중 체내에서 합성할 수 없어 필요량을 스스로 충족할 수 없는 것을 필수아미노산이라고 한다. 어떤 단백질 합성에 필요한 각 필수아미노산의 비율은 정해져 있다. 체내 단백질 분해를 통해 생성되는 필수아미노산도 다시 단백질 합성에 이용되기도 하지만, 그 양이 부족하면 전체의 체내 단백질 합성량이 줄어들게 된다. 다만 성인과 달리 성장기 어린이의 경우, 체내에서 합성할 수는 있으나 그 양이 너무 적어서 음식물로 보충해야 하는 아미노산도 필수아미노산에 포함된다.

① 필수아미노산의 재활용으로 인한 변형 단백질 생성을 막기 위해

② 아미노산의 부족으로 단백질 합성이 불균형하게 일어나는 것을 줄이기 위해

③ 계속적인 단백질 합성을 통해 체내 단백질 총량을 유지하기 위해

④ 음식물에 포함되어 있는 아미노산만이 체내 면역 환경을 안정화 시킬 수 있기 때문에

⑤ 체내에 충분한 아미노산과 부족한 아미노산의 양의 균형을 맞추기 위해

> ✔해설 제시된 글의 첫 문장에서 단백질이 지속적으로 분해되어도 끊임없이 단백질 합성이 일어나 체내 단백질의 총량이 유지될 수 있다고 언급하고 있다. 단백질 합성을 위해 필요한 필수아미노산을 음식물을 통해 공급하여 원활한 단백질 합성이 이루어지도록 해야하므로 ③이 적절하다.

2 다음의 내용을 논리적 흐름이 자연스럽도록 순서대로 배열한 것은?

> ㉠ 이에 대표적인 것은 대장균이다.
>
> ㉡ 그렇기 때문에 대장균이 속해 있는 비슷한 세균군을 모두 검사하여 분변오염 여부를 판단하고, 이 세균군을 총대장균군이라고 한다.
>
> ㉢ 식수가 분변으로 오염되어 있다면 분변에 있는 병원체 수와 비례하여 존재하는 비병원성 세균을 지표생물로 이용한다.
>
> ㉣ 그러나 온혈동물에게서 배설되는 비슷한 종류의 다른 세균들을 배제하고 대장균만을 측정하기는 어렵다.
>
> ㉤ 대장균은 그 기원이 전부 동물의 배설물에 의한 것이므로, 시료에서 대장균의 균체 수가 일정 기준보다 많이 검출되면 그 시료에는 인체에 유해할 만큼의 병원체도 존재한다고 추정할 수 있다.

① ㉠ - ㉢ - ㉣ - ㉡ - ㉤
② ㉡ - ㉣ - ㉢ - ㉤ - ㉠
③ ㉡ - ㉤ - ㉣ - ㉠ - ㉢
④ ㉢ - ㉠ - ㉤ - ㉣ - ㉡
⑤ ㉢ - ㉠ - ㉣ - ㉤ - ㉡

✔ **해설** ㉢ 지표생물로 이용하는 비병원성 생물→㉠ 대표적인 비병원성 생물→㉤ 대장균으로 병원체 추정→㉣ 예외적인 예인 온혈동물→㉡ 온혈동물의 대장균측정

3 다음 밑줄 친 ㉠에 대한 이해로 적절하지 못한 것은?

> ㉠취미 판단이란, 대상의 미·추를 판정하는, 미감적 판단력의 행위이다. 모든 판단은 'S는 P이다.'라는 명제 형식으로 환원되는데, 그 가운데 이성이 개념을 통해 지식이나 도덕 준칙을 구성하는 '규정적 판단'에서는 술어 P가 보편적 개념에 따라 객관적 성질로서 주어 S에 부여된다. 이와 유사하게 취미 판단에서도 P, 즉 '미' 또는 '추'가 마치 객관적 성질인 것처럼 S에 부여된다. 하지만 실제로 취미 판단에서의 P는 오로지 판단 주체의 쾌 또는 불쾌라는 주관적 감정에 의거한다. 또한 규정적 판단은 명제의 객관적이고 보편적인 타당성을 지향하므로 하나의 개별 대상뿐 아니라 여러 대상이나 모든 대상을 묶은 하나의 단위에 대해서도 이루어진다. 이와 달리, 취미 판단은 오로지 하나의 개별 대상에 대해서만 이루어진다. 즉 복수의 대상을 한 부류로 묶어 말하는 것은 이미 개념적 일반화가 되기 때문에 취미 판단이 될 수 없는 것이다. 한편 취미 판단은 오로지 대상의 형식적 국면을 관조하여 그것이 일으키는 감정에 따라 미·추를 판정하는 것 이외의 어떤 다른 목적도 배제하는 순수한 태도, 즉 미감적 태도를 전제로 한다. 취미 판단에는 대상에 대한 지식뿐 아니라, 실용적 유익성, 교훈적 내용 등 일체의 다른 맥락이 끼어들지 않아야 하는 것이다.

① 취미 판단의 서술어는 쾌 또는 불쾌라는 주관적인 감정을 담는다.

② '모든 아이들은 아름답다'는 취미 판단이라 할 수 없다.

③ '유용하다, 교육적이다' 등의 술어를 사용한 문장을 취미 판단으로 볼 수 없다.

④ '이 그림에 담긴 싱그러움이 아름답다'는 취미 판단에 해당한다.

⑤ '이 책은 청소년에게 유익하여 좋은 책이다'는 취미 판단에 해당한다.

> **해설** 주어진 글에서 취미 판단은 '대상에 대한 지식뿐 아니라, 실용적 유익성, 교훈적 내용 등 일체의 다른 맥락이 끼어들지 않아야 하는 것'이라고 말하고 있다. 때문에 ⑤에 주어진 책에 대한 판단에 유익성이라는 다른 맥락이 개입하였으므로 취미 판단에 해당한다고 볼 수 없다.

4 다음 글의 내용과 일치하지 않는 것은?

> 그리스의 대표적 도시국가인 스파르타는 어떤 정치체제를 가지고 있었을까? 정치체제의 형성은 단순히 정치 이념뿐만 아니라 어떤 생활방식을 선택하느냐의 문제와도 연결되어 있다. 기원전 1200년경 남하해온 도리아 민족이 선주민을 정복하여 생긴 것이 스파르타이다. 지배계급과 피지배계급이 스파르타만큼 확실히 분리되고 지속된 도시국가는 없었다. 스파르타에서 지배계급과 피지배계급의 차이는 권력의 유무 이전에 민족의 차이였다.
>
> 우선, 지배계급은 '스파르타인'으로 1만 명 남짓한 자유 시민과 그 가족뿐이다. 순수한 혈통을 가진 스파르타인들의 유일한 직업은 군인이었고, 참정권도 이들만이 가지고 있었다. 두 번째 계급은 상공업에만 종사하도록 되어 있는 '페리오이코이'라고 불리는 자유인이다. 이들은 도리아인도, 선주민도 아니었으며, 도리아 민족을 따라와 정착한 타지방 출신의 그리스인이었다. 이들은 시민권을 받지 못했으므로 참정권과 선거권이 없었지만, 병역 의무는 주어졌다. 그리스의 도시국가들에서는 일반적으로 병역에 종사하는 시민에게 참정권이 주어졌다. 하지만, 페리오이코이는 일개 병졸로만 종사했으므로, 스파르타인이 갖는 권리와는 차이가 있었다. 스파르타의 세 번째 계급은 '헬로트'라고 불리는 농노들로, 도리아인이 침략하기 전에 스파르타 지역에 살았던 선주민이다. 이들의 유일한 직업은 스파르타인이 소유한 농장에서 일하는 것으로, 비록 노예는 아니었지만 생활은 비참했다. 이들은 결혼권을 제외하고는 참정권, 사유재산권, 재판권 같은 시민의 권리를 전혀 가지지 못했고, 병역의 의무도 없었다.
>
> 스파르타인과 페리오이코이와 헬로트의 인구 비율은 1대 7대 16 정도였다. 스파르타인이 농업과 상공업을 피지배계급들에게 맡기고 오직 군무에만 종사한 것은, 전체의 24분의 1밖에 안 되는 인구로 나머지를 지배해야 하는 상황이 낳은 방책이었을 것이다. 피지배계급들 중에서도 특히 헬로트는 스파르타인에게 적대적인 태도를 보이고 있었다. 이 때문에 스파르타는 우선 내부의 잠재적인 불만 세력을 억압해야 할 필요성이 있었고, 군사대국으로 불리는 막강한 군사력을 가진 나라가 되었던 것이다.

① 스파르타에서는 직업을 알면 계급을 알 수 있었다.

② 스파르타에서는 일반적으로 병역 의무를 이행하면 참정권을 얻을 수 있었다.

③ 스파르타의 농노들은 스파르타 건국 이전부터 그 곳에 살고 있던 민족이다.

④ 헬로트는 시민의 권리의 대부분을 소유하지 못하였으나 노예는 아니었다.

⑤ 스파르타에서 시민권을 가진 계급은 오직 하나 뿐이었다.

> ✔ **해설** ② 그리스의 도시국가들에서는 일반적으로 병역에 종사하는 시민에게는 참정권이 주어졌지만 스파르타에서는 그렇지 않았다.

5 다음 글에서 밑줄 친 법학자의 의견으로 볼 수 없는 것은?

> 명예는 세 가지 종류가 있다. 첫째는 인간으로서의 존엄성에 근거한 고유한 인격적 가치를 의미하는 내적 명예이며, 둘째는 실제 이 사람이 가진 사회적·경제적 지위에 대한 사회적 평판을 의미하는 외적 명예, 셋째는 인격적 가치에 대한 자신의 주관적 평가 내지는 감정으로서의 명예감정이다.
>
> 악성 댓글, 즉 악플에 의한 인터넷상의 명예훼손이 통상적 명예훼손보다 더 심하기 때문에 통상의 명예훼손행위에 비해서 인터넷상의 명예훼손행위를 가중해서 처벌해야 한다는 주장이 일고 있다. 이에 대해 <u>법학자 A</u>는 다음과 같이 주장하였다.
>
> 인터넷 기사 등에 악플이 달린다고 해서 즉시 악플 대상자의 인격적 가치에 대한 평가가 하락하는 것은 아니므로, 내적 명예가 그만큼 더 많이 침해되는 것으로 보기 어렵다. 또한 만약 악플 대상자의 외적 명예가 침해되었다고 하더라도 이는 악플에 의한 것이 아니라 악플을 유발한 기사에 의한 것으로 보아야 한다. 오히려 악플로 인해 침해되는 것은 명예감정이라고 보는 것이 마땅하다. 다만 인터넷상의 명예훼손행위는 그 특성상 해당 악플의 내용이 인터넷 곳곳에 퍼져 있을 수 있어 명예감정의 훼손 정도가 피해자의 정보수집량에 좌우될 수 있다는 점을 간과해서는 안 될 것이다. 구태여 자신에 대한 부정적 평가를 모을 필요가 없음에도 부지런히 수집·확인하여 명예감정의 훼손을 자초한 피해자에 대해서 국가가 보호해줄 필요성이 없다는 점에서 명예감정을 보호해야 할 법익으로 삼기 어렵다. 따라서 인터넷상의 명예훼손이 통상적 명예훼손보다 더 심하다고 보기 어렵다.

① 악플과 내적 명예의 훼손이 직결된다고 보기 어렵다.
② 통상적으로 이야기되는 명예훼손에 대한 악플의 영향력에 동의하지 않는다.
③ 외적 명예의 훼손에 악플보다 더 상관관계가 큰 요인이 있다.
④ 악플로 인해 가장 큰 손상을 입는 것은 명예감정이다.
⑤ 악플로 인한 명예감정 훼손정도는 인터넷의 정보제공량에 따라 좌우된다.

✔해설 제시된 글에서 법학자 A는 명예감정의 훼손 정도는 피해자의 정보수집량에 의해 좌우될 수 있다고 말하고 있다.

6

> 오늘날 프랑스 영토의 윤곽은 9세기 샤를마뉴 황제가 유럽 전역을 평정한 후, 그의 후손들 사이에 벌어진 영토 분쟁의 결과로 만들어졌다. 이 분쟁은 동맹군의 승리로 전쟁이 끝나면서 왕자들 사이에 제국의 영토를 분할하는 원칙을 명시한 베르됭 조약이 체결되었다. 영토 분할을 위임받은 로마 교회는 조세 수입이나 영토 면적보다는 '세속어'를 그 경계의 기준으로 삼는 것이 더 공정하다는 결론을 내렸다. 그래서 게르만어를 사용하는 지역과 로망어를 사용하는 지역을 각각 루이와 샤를에게 할당했다.
>
> 루이와 샤를은 베르됭 조약 체결에 앞서 스트라스부르에서 서로의 동맹을 다지는 서약 문서를 상대방이 분할 받은 영토의 세속어로 작성하여 교환하고, 곧이어 각자 자신의 군사들로부터 자신이 분할 받은 영토의 세속어로 충성 맹세를 받았다. 학자들은 두 사람이 서로의 동맹에 충실할 것을 상대측 영토의 세속어로 서약했다는 점에 주목한다. 또한 역사적 자료에 의해 루이와 샤를 모두 게르만어를 모어로 사용하였다는 사실이 알려져 있다. 그러므로 _________________________________ 게다가 그들의 군대는 필요에 따라 여기저기서 수시로 징집된 다양한 언어권의 병사들로 구성되어 있었으므로 세속어의 사용이 군사들의 이해를 목적으로 한다는 설명도 설득력이 없다. 결국 학자들은 상대측 영토의 세속어 사용이 상대 국민의 정체성과 그에 따른 권력의 합법성을 상호인정하기 위한 상징행위로서 의미를 갖는다고 결론을 내렸다.

① 게르만어를 사용하는 지역의 영역이 훨씬 컸을 것이다.

② 루이가 샤를보다 계승 서열이 높은 왕자였을 것이다.

③ 세속어의 사용이 국민들이 주권을 가지는데 가장 큰 역할을 한다.

④ 루이와 샤를 중 적어도 한 명은 서약 문서를 자신의 모어로 작성한 것이 아니다.

⑤ 세속어를 적절하게 사용하여 외교에 힘썼다.

> **✔해설** 제시된 글에서 두 사람이 서로의 동맹에 충실할 것을 상대측 영토의 세속어로 서약했다고 했으므로 ④의 내용이 적절하다.

과거에는 실제로 존재한다고 간주되던 것들이 오늘날에는 허구적인 것으로 취급받게 된 경우들이 있다. 잘 알려져 있는 것처럼, 과거의 과학자들은 나무가 타는 것과 같은 연소 현상을 설명하기 위해서 플로지스톤 이론을 만들어냈다. 당시 과학자들은 '플로지스톤'이라는 개념을 이용해서 연소 현상을 설명했으며, 플로지스톤이 실제로 존재한다고 생각했다. 하지만 오늘날 플로지스톤이 실제로 존재한다는 것을 믿는 자연과학자는 없으며, 그런 개념은 현대 자연과학에서 사라져 버렸다. 이는 표준적인 현대 화학이론이 '플로지스톤'이라는 개념을 동원하지 않고서도 연소 현상을 플로지스톤 이론보다 더 잘 설명하기 때문이다. 가령 현대 화학이론은 플로지스톤 이론이 설명할 수 있는 현상은 물론, 그보다 훨씬 많은 연소 현상들을 설명해낸다. 우리는 '믿음', '욕구' 등과 같은 통속 심리이론 속 개념들도 동일한 운명에 처할 것이라는 점을 알 수 있다. 일상적으로 우리는 행동 현상을 설명하기 위해서 '믿음', '욕구' 등 통속 심리이론에서 다루는 개념들을 사용한다. 예를 들어, 영화관으로 향하는 행동 현상은 영화감상에 대한 '욕구'와 '믿음' 등 통속 심리이론의 개념을 이용해 설명된다. 그런데 오늘날 신경과학이론은 통속 심리이론과 전혀 다른 방식으로 행동 현상을 설명한다. 즉 최근 신경과학이론은 '믿음', '욕구' 등에 호소하지 않고 신경들 사이의 연결과 그 구조를 통해서 인간의 행동 현상을 설명한다. 그렇다면 _______________________________________

① 통속 심리이론의 '믿음', '욕구'와 같은 개념들은 과학에서 사라져버릴 것이다.

② '믿음', '욕구'보다 명확하게 행동 현상을 설명할 방법을 찾아야만 한다.

③ 우리는 기존의 개념들이 더 이상 사라지지 않도록 노력해야할 것이다.

④ 앞으로 우리의 과학이 계속해서 변화하고 발전할 것은 자명하다.

⑤ 통속 심리이론에서 인간의 행동 현상을 설명할 더 많은 개념이 생겨 날 것이다.

> **✔ 해설** 제시된 글에서는 과거에는 실제로 존재한다고 간주되던 것들이 오늘날에는 허구적인 것으로 취급받게 된 경우에 대해 말한다. 이를 '플로지스톤'의 예시를 통해 어느 시점에는 존재한다고 믿어지는 것들이 어느 시점에서는 다른 것으로 대체되거나 허구적으로 여겨져 사라지게 된다는 것을 설명하고 있다. 이어지는 문단에서는 과거에 통속 심리이론에 주로 사용하던 개념이 사용되지 않고 있음을 이야기하고 있으므로 빈칸에는 ①의 내용이 오는 것이 적절하다.

8

음식은 나라마다 특성이 있으며, 식사 예법 또한 일률적이지 않다. 요리에 필요한 재료와 조미료가 특히 다르며, 음식에 대한 사고 또한 다르다. 일본인은 시각으로 먹고, 인도인은 촉각으로 먹으며, 프랑스인은 미각으로 먹는다. 조용조용 소리 없이 먹는 경우가 대부분이어서 청각이 동원되는 예가 흔치 않지만, 우리의 경우는 다르다. 가령, 우리 여름철 음식의 대명사격인 냉면은 스파게티 가락들을 포크에 돌돌 말아 먹듯 젓가락에 말아 먹어서는 제 맛이 나지 않는다. 젓가락으로 휘휘 둘러서 적당량을 입 끝에 댄 다음 후루룩 입안에 넣어야 제 맛이다. 청각이 동원되어야 하는 음식으로는 총각김치와 오이소박이도 빼놓을 수 없다. ________________________________

① 음식의 특성이 바로 식사 예법을 결정한다.
② 음식의 재료에 따라 먹는 방법이 달라진다.
③ '빨리빨리'의 사고방식을 여기에서도 확인할 수 있다.
④ 먹다 보면 소리가 요란할 수밖에 없는 음식들이다.
⑤ 결국 식사 예법은 모두 비슷하다.

> **해설** 음식에 대한 사고가 나라마다 다르고, 일본인은 시각으로, 인도인은 촉각으로, 프랑스인은 미각으로 먹는다는 내용이 나왔고 우리나라는 이와 다르게 청각으로 먹는다는 예시를 설명하고 있으므로 ④가 가장 적절하다.

9

정보 통신 기술은 컴퓨터를 수단으로 하여 인간의 두뇌와 신경을 비약적으로 확장하였다. 정보 통신 기술의 발달은 전 세계적으로 정치, 경제, 산업, 교육, 의료, 생활양식 등 사회 전반에 걸쳐 혁신적인 변화를 일으키고, 인간관계와 사고방식, 가치관에까지 영향을 미칠 것이 틀림없다. 그러나 그 이면에는 불평등과 불균형을 불러올 위험성도 있다.
사회학자 드 세토(De Certeau)는 "________________________________" 라는 말을 했다. 정보 통신 기술은 우리의 모든 생활 영역에 영향을 미치고 있다. 이 시점에서 우리에게 중요한 것은 정보 통신 기술을 어떻게 활용하느냐이다. 정보 통신 기술이 우리 사회를 변화시키고 있지만, 그 기술의 가치를 이해하고 선택하는 주체는 바로 우리이기 때문이다.

① 인간은 선천적으로 알고자 하는 욕구를 지니고 있으며 기술의 발전이 그 증거이다.
② 정보 통신 기술은 마치 시한폭탄처럼 언제든지 인간의 삶을 파괴할 수 있다.
③ 기술은 마치 거대한 파도처럼 인간의 생활을 순식간에 뒤덮었다.
④ 기술은 문을 열 뿐이고, 그 문에 들어갈지 말지는 인간이 결정한다.
⑤ 기술은 쓴 약과 같아서 받아들이는 데에는 어려움이 있지만 습득한 후에는 유익한 방향으로 이끈다.

> **해설** 위 글은 정보 통신 기술이 우리 모든 생활 영역에 영향을 미친다고 해도 그 기술을 어떻게 활용하는가의 주체는 인간이라고 말하고 있으므로 빈칸에는 ④번의 내용이 적절하다.

Answer 7.① 8.④ 9.④

10

> 휴리스틱(heuristic)은, 문제를 해결하거나 불확실한 사항에 대해 판단을 내릴 필요가 있지만 명확한 실마리가 없을 경우에 사용하는 편의적 · 발견적인 방법이다. ＿＿＿＿＿＿
> 휴리스틱과 반대되는 것이 알고리즘(algorism)이다. 알고리즘은 일정한 순서대로 풀어나가면 정확한 해답을 얻을 수 있는 방법이다. 삼각형의 면적을 구하는 공식이 알고리즘의 좋은 예이다

① 우리말로는 쉬운 방법, 간편법, 발견법, 어림셈, 또는 지름길 등으로 표현할 수 있다.

② 우리말로는 정확한 해답, 완전한 해결, 빠른 결정 등으로 표현할 수 있다.

③ 우리말로는 비논리적 방법, 원칙을 무시한 방법 등으로 표현할 수 있다.

④ 우리말로는 정도를 지키는 해결방법, 원칙을 중시하는 방법 등으로 표현할 수 있다.

⑤ 우리말로는 신뢰할 수 있는 방법, 오차가 없는 방법 등으로 표현할 수 있다.

✔ **해설** 휴리스틱과 알고리즘을 서로 비교하여 설명하고 있다. 따라서 빈칸에는 휴리스틱에 대한 부연 설명이 나와야 한다. 휴리스틱은 편의적인 방법이라 하였으므로 ①이 가장 적절하다.

11

> ㉠ 그러나 혐기성 세균의 수는 김치가 익어갈수록 증가하며 결국 많이 익어서 시큼한 맛이 나는 김치에 있는 미생물 중 대부분을 차지한다.
>
> ㉡ 김치의 발효 과정에 관여하는 미생물에는 여러 종류의 효모, 호기성 세균 그리고 유산균을 포함한 혐기성 세균이 있다.
>
> ㉢ 갓 담근 김치의 발효가 시작될 때 호기성 세균과 혐기성 세균의 수가 두드러지게 증가하지만, 김치가 익어갈수록 호기성 세균의 수는 점점 줄어들어 나중에는 그 수가 완만하게 증가하는 효모의 수와 거의 비슷해진다.
>
> ㉣ 김치를 익히는 데 관여하는 균과 매우 높은 산성의 환경에서도 잘 살 수 있는 유산균이 그 예이다.

① ㉠ - ㉢ - ㉡ - ㉣

② ㉠ - ㉡ - ㉣ - ㉢

③ ㉡ - ㉢ - ㉣ - ㉠

④ ㉡ - ㉢ - ㉠ - ㉣

⑤ ㉣ - ㉢ - ㉠ - ㉡

✔해설 ㉡ 김치의 발효 과정에 관여하는 미생물 - ㉢ 김치의 발효 과정에 따른 호기성 세균과 혐기성 세균 - ㉠ 신김치에서 혐기성 세포 - ㉣ 김치를 익히는 데 관여하는 균과 매우 높은 산성의 환경에서도 잘 살 수 있는 유산균

12

> ㉠ 임금이 상승하면 직장 밖 활동에 들어가는 시간의 비용이 늘어난다.
>
> ㉡ 따라서 임금이 늘어난 만큼 일 이외의 활동에 들어가는 시간의 비용도 함께 늘어난다는 것이다.
>
> ㉢ 스웨덴의 경제학자 스테판 린더는 서구인들이 엄청난 경제성장을 이루고도 여유를 누리지 못하는 이유를 가변적인 시간의 비용을 이용해 논증한다.
>
> ㉣ 경제가 성장하면 사람들의 시간을 쓰는 방식도 달라진다.
>
> ㉤ 일하는 데 쓸 수 있는 시간을 영화나 책을 보는 데 소비하면 그만큼의 임금을 포기하는 것이다.

① ㉠ - ㉣ - ㉢ - ㉡ - ㉤

② ㉠ - ㉢ - ㉣ - ㉡ - ㉤

③ ㉢ - ㉣ - ㉠ - ㉤ - ㉡

④ ㉢ - ㉠ - ㉣ - ㉤ - ㉡

⑤ ㉣ - ㉡ - ㉠ - ㉢ - ㉤

✔ **해설** ㉢ 스테판 린더의 주장 - ㉣ 경제 성장에 따라 시간의 이용 방식이 변화함 - ㉠ 임금의 상승이 시간의 비용을 증대시킴 - ㉤ 시간의 소비가 임금의 포기와 이어지게 됨 - ㉡ 다시 말해 임금의 증가는 시간의 비용도 증가시킴

13

㈎ 사물은 저것 아닌 것이 없고, 또 이것 아닌 것이 없다. 이쪽에서 보면 모두가 저것, 저쪽에서 보면 모두가 이것이다.

㈏ 그러므로 저것은 이것에서 생겨나고, 이것 또한 저것에서 비롯된다고 한다. 이것과 저것은 저 혜시(惠施)가 말하는 방생(方生)의 설이다.

㈐ 그래서 성인(聖人)은 이런 상대적인 방법에 의하지 않고, 그것을 절대적인 자연의 조명(照明)에 비추어 본다. 그리고 커다란 긍정에 의존한다. 거기서는 이것이 저것이고 저것 또한 이것이다. 또 저것도 하나의 시비(是非)이고 이것도 하나의 시비이다. 과연 저것과 이것이 있다는 말인가. 과연 저것과 이것이 없다는 말인가.

㈑ 그러나 그, 즉 혜시(惠施)도 말하듯이 삶이 있으면 반드시 죽음이 있고, 죽음이 있으면 반드시 삶이 있다. 역시 된다가 있으면 안 된다가 있고, 안 된다가 있으면 된다가 있다. 옳다에 의거하면 옳지 않다에 기대는 셈이 되고, 옳지 않다에 의거하면 옳다에 의지하는 셈이 된다.

① ㈎ — ㈏ — ㈐ — ㈑
② ㈎ — ㈏ — ㈑ — ㈐
③ ㈎ — ㈐ — ㈏ — ㈑
④ ㈎ — ㈑ — ㈏ — ㈐
⑤ ㈎ — ㈐ — ㈑ — ㈏

✔ 해설 ㈎ 사물은 이쪽에서 보면 모두가 저것, 저쪽에서 보면 모두가 이것이다 → ㈏ 그러므로 저것은 이것에서 생겨나고, 이것 또한 저것에서 비롯되는데 이것과 저것은 혜시가 말하는 방생의 설이다 → ㈑ 그러나 혜시도 말하듯이 '삶과 죽음', '된다와 안 된다', '옳다와 옳지 않다'처럼 상대적이다 → ㈐ 그래서 성인은 상대적인 방법이 아닌 절대적인 자연의 조명에 추어 커다란 긍정에 의존한다.

Answer   12.③   13.②

14 다음 제시문을 바탕으로 '공부'에 관한 글을 쓰려고 할 때, 이끌어 낼 수 있는 내용으로 적절하지 않은 것은?

> 자전거를 쓰러뜨리지 않고 잘 타려면 기울어지는 쪽으로 방향을 틀면서 균형을 잡되, 멈추지 않고 계속 앞으로 가야만 한다. 그런데 실제로는 이런 원리를 아는 것보다 직접 타 보면서 연습하는 것이 더 중요하다. 이때 만약 자전거를 처음 배운다면 누군가 뒤에서 잡아주는 것이 좀 더 효율적이다. 뒤에서 잡아주다가 타는 사람도 모르게 살며시 놓아주게 되면 타는 사람은 어느새 자신도 모르게 균형을 잡고 자전거를 탈 수 있기 때문이다. 그리고 이렇게 배운 자전거로 더 멀리 가려면 튼튼한 체력이 뒷받침되어야 한다.

① 공부를 잘 하려면 지속적으로 해야 한다.
② 체계적인 공부를 위해 시간 관리를 잘 해야 한다.
③ 스스로 공부할 수 있도록 도움을 받는 것도 필요하다.
④ 목표를 달성할 때까지 공부하려면 건강을 잘 돌봐야 한다.
⑤ 공부가 중단되지 않게 하려면 취약한 부분을 보완해야 한다.

> **✔해설** ② 제시문에서는 '시간 관리'를 이끌어 낼 수 있는 내용이나 근거가 제시되지 않았다.
> ① 멈추지 않고 계속 앞으로 가야한다는 내용을 통해 이끌어 낼 수 있다.
> ③ 자전거를 처음 배울 때는 누군가 뒤에서 잡아 주는 것이 효율적이라는 내용을 통해 이끌어 낼 수 있다.
> ④ 더 멀리 있는 목적지를 가기 위해선 튼튼한 체력이 뒷받침되어야 한다는 내용을 통해 이끌어 낼 수 있다.
> ⑤ 자전거가 기울어지는 쪽으로 핸들의 방향을 틀어야 한다는 내용을 통해 이끌어 낼 수 있다.

15 다음 글에서 제시하고 있는 '융합'의 사례로 보기 어려운 것은?

1980년 이후에 등장한 과학기술 분야의 가장 강력한 트렌드는 컨버전스, 융합, 잡종의 트렌드이다. 기존의 분야들이 합쳐져서 새로운 분야가 만들어지고, 이렇게 만들어진 몇 가지 새로운 분야가 또 합쳐져서 시너지 효과를 낳는다. 이러한 트렌드를 볼 때 미래에는 과학과 기술, 순수과학과 응용과학의 경계가 섞이면서 새롭게 만들어진 분야들이 연구를 주도한다는 것이다. 나노과학기술, 생명공학, 물질공학, 뇌과학, 인지과학 등이 이러한 융합의 예이다. 연구대학과 국립연구소의 흥망성쇠는 이러한 융합의 경향에 기존의 학문 분과 제도를 어떻게 잘 접목시키느냐에 달려 있다.

이러한 융합은 과학기술 분야 사이에서만이 아니라 과학기술과 다른 문화적 영역에서도 일어난다. 과학기술과 예술, 과학기술과 철학, 과학기술과 법 등 20세기에는 서로 별개의 영역 사이의 혼성이 강조될 것이다. 이는 급격히 바뀌는 세상에 대한 새로운 철학과 도덕, 법률의 필요성에서 기인한다. 인간의 유전자를 가진 동물이 만들어지고, 동물의 장기가 인간의 몸에 이식도 되고 있다. 생각만으로 기계를 작동시키는 인간-기계의 인터페이스도 실험의 수준을 지나 곧 현실화되는 단계에 와 있다. 인간-동물-기계의 경계가 무너지는 세상에서 철학, 법, 과학 기술의 경계도 무너지는 것이다. 20년 후 과학기술의 세부 내용을 지금 예측하기는 쉽지 않다. 하지만 융합 학문과 학제 간 연구의 지배적 패러다임화, 과학과 타 문화의 혼성화, 사회를 위한 과학 기술의 역할 증대, 국제화와 합동 연구의 증가라는 트렌드는 미래 과학 기술을 특징짓는 뚜렷한 트렌드가 될 것이다.. 그리고 이렇게 배운 자전거로 더 멀리 가려면 튼튼한 체력이 뒷받침되어야 한다.

① 유전공학, 화학 독성물, 태아 권리 등의 법적 논쟁에 대한 날카로운 분석을 담은 책

② 과학자들이 이룬 연구 성과들이 어떻게 재판의 사실 인정 기준에 영향을 주는가를 탐색하고 있는 책

③ 과학기술과 법이 만나고 충돌하는 지점들을 탐구하고, 미래의 지속가능한 사회를 위한 둘 사이의 새로운 관계를 제시한 책

④ 과학은 신이 부여한 자연법칙을 발견하는 것이며, 사법 체계도 보편적인 자연법의 토대 위에 세워진 것이라는 주장을 펴는 책

⑤ 과학자는 과학의 발전 외에 인류의 행복이나 복지 등에는 그리 관심이 많지 않다는 전제 하에 과학기술에 대해 평가할 수 있도록 법조인에게 과학 교육이 필요함을 주장한 책

✔ **해설** ④ 제시문에서 '융합'은 '경계가 섞이면서 새로운 분야를 만들어내는 것'이라고 하였지만 ④에서는 기존의 '자연법에 과학과 사법을 묶은 것'이라고 보고 있으므로 옳지 않다.

정부나 기업이 사업에 투자할 때에는 현재에 투입될 비용과 미래에 발생할 이익을 비교하여 사업의 타당성을 진단한다. 이 경우 물가 상승, 투자 기회, 불확실성을 포함하는 할인의 요인을 고려하여 미래의 가치를 현재의 가치로 환산한 후, 비용과 이익을 공정하게 비교해야 한다. 이러한 환산을 가능케 해 주는 개념이 할인율이다. 할인율은 이자율과 유사하지만 역으로 적용되는 개념이라고 생각하면 된다. 현재의 이자율이 연 10%라면 올해의 10억 원은 내년에는 (1+0.1)을 곱한 11억 원이 되듯이, 할인율이 연 10%라면 내년의 11억 원의 현재 가치는 (1+0.1)로 나눈 10억 원이 된다.

공공사업의 타당성을 진단할 때에는 대개 미래 세대까지 고려하는 공적 차원의 할인율을 적용하는데, 이를 사회적 할인율이라고 한다. 사회적 할인율은 사회 구성원이 느끼는 할인의 요인을 정확하게 파악하여 결정하는 것이 바람직하나, 이것은 현실적으로 매우 어렵다. 그래서 시장 이자율이나 민간 자본의 수익률을 사회적 할인율로 적용하자는 주장이 제기된다.

시장 이자율은 저축과 대출을 통한 자본의 공급과 수요에 의해 결정되는 값이다. 저축을 하는 사람들은 원금을 시장 이자율에 의해 미래에 더 큰 금액으로 불릴 수 있고, 대출을 받는 사람들은 시장 이자율만큼 대출금에 대한 비용을 지불한다. 이 때의 시장 이자율은 미래의 금액을 현재 가치로 환산할 때의 할인율로도 적용할 수 있으므로, 이를 사회적 할인율로 간주하자는 주장이 제기되는 것이다. 한편 민간 자본의 수익률을 사회적 할인율로 적용하자는 주장은, 사회 전체적인 차원에서 공공사업에 투입될 자본이 민간 부문에서 이용될 수도 있으므로, 공공사업에 대해서도 민간 부문에서만큼 높은 수익률을 요구해야 한다는 것이다.

그러나 시장 이자율이나 민간 자본의 수익률을 사회적 할인율로 적용하자는 주장은 수용하기 어려운 점이 있다. 우선 ㉠공공 부문의 수익률이 민간 부문만큼 높다면, 민간 투자가 가능한 부문에 굳이 정부가 투자할 필요가 있는가 하는 문제가 제기될 수 있다. 더욱 중요한 것은 시장 이자율이나 민간 자본의 수익률이, 비교적 단기적으로 실현되는 사적 이익을 추구하는 자본 시장에서 결정된다는 점이다. 반면에 사회적 할인율이 적용되는 공공사업은 일반적으로 그 이익이 장기간에 걸쳐 서서히 나타난다. 이러한 점에서 공공사업은 미래 세대를 배려하는 지속 가능한 발전의 이념을 반영한다. 만일 사회적 할인율이 시장 이자율이나 민간 자본의 수익률처럼 높게 적용된다면, 미래 세대의 이익이 저평가되는 셈이다. 그러므로 사회적 할인율은 미래 세대를 배려하는 공익적 차원에서 결정되는 것이 바람직하다.

16 윗글의 글쓴이가 상정하고 있는 핵심적인 질문으로 가장 적절한 것은?

① 시장 이자율과 사회적 할인율은 어떻게 관련되는가?

② 자본 시장에서 미래 세대의 몫을 어떻게 고려해야 하는가?

③ 사회적 할인율이 민간 자본의 수익률에 어떤 영향을 미치는가?

④ 공공사업에 적용되는 사회적 할인율은 어떤 수준에서 결정되어야 하는가?

⑤ 공공 부문이 수익률을 높이기 위해서는 민간 부문과 어떻게 경쟁해야 하는가?

> ✔해설 글쓴이는 사회적 할인율이 공공사업의 타당성을 진단할 때 사용되는 개념이며 미래 세대까지 고려하는 공적 차원의 성격을 갖고 있음을 밝히고 있으며 이런 면에서 사회적 할인율을 결정할 때 시장 이자율이나 민간 자본의 수익률과 같은 사적 부문에 적용되는 요소들을 고려하자는 주장에 대한 반대 의견과 그 근거를 제시하고 있다. 또한 사회적 할인율은 공익적 차원에서 결정되어야 한다는 자신의 견해를 제시하고 있으므로 사회적 할인율을 결정할 때 고려해야 할 수준에 대해 언급한 질문이 가장 핵심적인 질문이라 할 수 있다.

17 ㉠이 전제하고 있는 것은?

① 민간 투자도 공익성을 고려해서 이루어져야 한다.

② 정부는 공공 부문에서 민간 투자를 선도하는 역할을 해야 한다.

③ 공공 투자와 민간 투자는 동등한 투자 기회를 갖는 것이 바람직하다.

④ 정부는 공공 부문에서 민간 자본의 수익률을 제한하는 것이 바람직하다.

⑤ 정부는 민간 기업이 낮은 수익률로 인해 투자하기 어려운 공공 부문을 보완해야 한다.

> **✔해설** ㉠은 '실제로 공공 부문의 수익률이 민간 부문보다 높지 않다'는 정보와 '정부는 공공 부문에 투자해야 한다'는 정보를 연상할 수 있다. 따라서 '정부는 낮은 수익률이 발생하는 공공 부문에 투자해야 한다'는 내용을 전제로 하므로 ⑤가 가장 적합하다.

18 윗글로 보아 다음의 ⓐ에 대한 판단으로 타당한 것은?

> 한 개발 업체가 어느 지역의 자연 환경을 개발하여 놀이동산을 건설하려고 한다. 해당 지역 주민들은 자연 환경의 가치를 중시하여 놀이동산의 건설에 반대하는 사람들과 지역 경제 활성화를 중시하여 찬성하는 사람들로 갈리어 있다. 그래서 개발 업체와 지역 주민들은 ⓐ<u>놀이동산으로부터 장기간 파급될 지역 경제 활성화의 이익을 추정하고, 이를 현재 가치로 환산한 값</u>을 계산해 보기로 하였다.

① 사업의 전망이 불확실하다고 판단하는 주민들은 낮은 할인율을 적용할 것이다.

② 후손을 위한 환경의 가치를 중시하는 주민들은 높은 할인율을 적용할 것이다.

③ 개발 업체는 놀이동산 개발의 당위성을 확보하기 위해 높은 할인율을 적용할 것이다.

④ 놀이동산이 소득 증진의 좋은 기회라고 생각하는 주민들은 높은 할인율을 적용할 것이다.

⑤ 지역 경제 활성화의 효과가 나타나는 데 걸리는 시간이 길다고 판단되면 낮은 할인율을 적용할 것이다.

> **✔해설** ⓐ는 사업의 활성화로 인한 이익과 현재 가치로 환산한 값을 따지는 것이므로, 제시문에서 소개한 할인율의 개념과 유사하다. 또한 후손을 위한 환경의 가치를 중시하는 주민들은 개발에 대한 부정적인 입장을 취할 것이므로 자연 환경 개발에 대해서는 높은 할인율을 적용하는 것이 적절하다.

Answer 16.④ 17.⑤ 18.②

영국의 역사가 아놀드 토인비는 「역사의 연구」를 펴내며 역사 연구의 기본 단위를 국가가 아닌 문명으로 설정했다. 그는 예를 들어 영국이 대륙과 떨어져 있을지라도 유럽의 다른 나라들과 서로 영향을 미치며 발전해 왔으므로, 영국의 역사는 그 자체만으로는 제대로 이해할 수 없고 서유럽 문명이라는 틀 안에서 바라보아야 한다고 하였다. 그는 문명 중심의 역사를 이해하기 위한 몇 가지 가설들을 세웠다. 그리고 방대한 사료를 바탕으로 그 가설들을 검증하여 문명의 발생과 성장 그리고 쇠퇴 요인들을 규명하려 하였다.

토인비가 세운 가설들의 중심축은 '도전과 응전', '창조적 소수와 대중의 모방' 개념이다. 그에 의하면 환경의 도전에 대해 성공적으로 응전하는 인간 집단이 문명을 발생시키고 성장시킨다. 여기서 중요한 것은 그 환경이 역경이라는 점이다. 인간의 창의적 행동은 역경을 당해 이를 이겨 내려는 분투 과정에서 발생하기 때문이다.

토인비는 이 가설이 단순하게 도전이 강력할수록 그 도전이 주는 자극의 강도가 커지고 응전의 효력도 이에 비례한다는 식으로 해석되는 것을 막기 위해, 소위 '세 가지 상호 관계의 비교'를 제시하여 이 가설을 보완하고 있다. 즉 도전의 강도가 지나치게 크면 응전이 성공적일 수 없게 되며, 반대로 너무 작을 경우에는 전혀 반응이 나타나지 않고, 최적의 도전에서만 성공적인 응전이 나타난다는 것이다.

이렇게 성공적인 응전을 통해 나타난 문명이 성장하기 위해서는 그 후에도 지속적으로 나타나는 문제, 즉 새로운 도전들을 해결해야 한다. 토인비에 따르면 이를 해결하기 위해서는 그 사회의 창조적 인물들이 역량을 발휘해야 한다. 그러나 이들은 소수이기 때문에 응전을 성공적으로 이끌기 위해서는 다수의 대중까지 힘을 결집해야 한다. 이때 대중은 일종의 사회적 훈련인 '모방'을 통해 그들의 역할을 수행한다.

물론 모방은 모든 사회의 일반적인 특징으로서 문명을 발생시키지 못한 원시 사회에서도 찾아볼 수 있다. 여기에 대해 토인비는 모방의 유무가 중요한 것이 아니라 모방의 방향이 중요하다고 설명한다. 문명을 발생시키지 못한 원시 사회서 모방은 선조들과 구세대를 향한다. 그리고 죽은 선조들은 살아 있는 연장자의 배후에서 눈에 보이지 않게 그 권위를 강화해 준다. 그리하여 이 사회는 인습이 지배하게 되고 발전적 변화가 나타나지 않는다. 반대로 모방이 창조적 소수에게로 향하는 사회에서는 인습의 권위를 인정하지 않으므로 문명이 지속적으로 성장한다.

19 윗글에 나타난 '토인비의 견해'에 대한 이해로 적절한 것은?

① 문명은 최적의 도전에 대한 성공적 응전에서 나타난다.
② 모방의 존재 여부는 문명의 발생과 성장의 기준이 된다.
③ 역사는 국가를 기본 단위로 연구해야 제대로 이해할 수 있다.
④ 환경의 도전이 강력할수록 그에 대한 응전은 더 효과적으로 나타난다.
⑤ 선조에 기대어 기성세대의 권위가 강화되는 사회는 발전적 변화를 겪는다.

> ✔ 해설 ② 선조들과 구세대를 향한 모방은 문명을 일으킬 수 없다고 했다.
> ③ '역사 연구의 기본 단위를 국가가 아닌 문명으로 설정했다.'고 했다.
> ④ '도전의 강도가 지나치게 크면 응전이 성공적일 수 없게 되며, 반대로 너무 작을 경우에는 전혀 반응이 나타나지 않고, 최적의 도전에서만 성공적인 응전이 나타난다'고 했다.
> ⑤ '문명을 발생시키지 못한 원시 사회서 모방은 선조들과 구세대를 향한다. 그리고 죽은 선조들은 살아 있는 연장자의 배후에서 눈에 보이지 않게 그 권위를 강화해 준다. 그리하여 이 사회는 인습이 지배하게 되고 발전적 변화가 나타나지 않는다.'고 했다.

20 윗글을 바탕으로 다음 제시문을 이해한 내용으로 적절하지 않은 것은?

> 빙하기가 끝나고 나서 세계 여러 지역의 기후는 크게 달라졌다. 서남아시아 일부 초원 지역의 경우는 급속히 사막화가 진행되었다. 이 지역에서 수렵 생활을 하던 이들은 세 가지 서로 다른 길을 걸었다. 첫째 집단은 그대로 머물러 생활양식을 유지하며 겨우 생존만 하다가 멸망의 길로 들어섰다. 둘째 집단은 생활양식만을 변경하여 그 지역에서 유목생활을 하였다. 이들은 문명 단계에는 들어갔으나 더 이상의 발전이 없이 정체되고 말았다. 셋째 집단은 다른 지역인 티그리스, 유프라테스 강 유역으로 이주한 다음, 농경생활을 선택하여 새로운 고대 문명을 일구고 이어지는 문제들도 성공적으로 해결해 나갔다.

① 사막화는 서남아시아 일부 초원 지역 사람들이 당면했던 역경에 해당한다고 보아야겠군.

② 첫째 집단에서는 모방이 작용하는 방향이 선조들과 구세대를 향했다고 보아야겠군.

③ 둘째 집단이 문명을 발생시킨 후 이 집단의 창조적 소수들이 계속된 새로운 도전들을 해결했다고 보아야겠군.

④ 셋째 집단에서는 창조적 소수가 나타났고, 대중의 모방이 그들을 향했다고 보아야겠군.

⑤ 셋째 집단은 생활 터전과 생활양식으로 모두 바꾸는 방식으로 환경의 변화에 응전하여 문명을 발생시켰다고 보아야겠군.

> **해설** 둘째 집단은 생활양식만을 변경하여 사막화된 지역에서 유목 생활을 지속하였다. 그리하여 이들은 문명 단계에는 들어갔으나 더 이상의 발전이 없이 정체되고 말았다. 때문에 토인비의 견해에 따르면 이 집단은 수렵 생활을 하던 사람들이 급속한 사막화라는 환경적 역경에 대해 성공적인 응전을 통해 문명을 발생시킨 경우라고 할 수 있다. 하지만 성공적인 응전을 통해 문명이 성장하기 위해서는 그 후에도 지속적으로 나타나는 문제를 해결하기 위해 그 사회의 창조적 인물(소수)들이 역량을 발휘해야 한다고 하였는데, 제시문의 둘째 집단은 더 이상 문명의 발전 없이 정체되고 말았다고 하였으므로, 둘째 집단은 그 집단의 창조적 소수들이 계속된 새로운 도전들을 해결했다고 볼 수 없다.

요즘 시청자들은 자신도 모르는 사이에 간접 광고에 수시로 노출되어 광고와 더불어 살아가는 환경에 놓이게 됐다. 방송 프로그램의 앞과 뒤에 붙어 방송되는 직접 광고와 달리 PPL(product placement)이라고도 하는 간접 광고는 프로그램 내에 상품을 배치해 광고 효과를 거두려 하는 광고 형태이다. 간접 광고는 직접 광고에 비해 시청자가 리모컨을 이용해 광고를 회피하기가 상대적으로 어려워 시청자에게 노출될 확률이 더 높다.

광고주들은 광고를 통해 상품의 인지도를 높이고 상품에 대한 호의적 태도를 확산시키려 한다. 간접 광고에서는 이러한 광고 효과를 거두기 위해 주류적 배치와 주변적 배치를 활용한다. 주류적 배치는 출연자가 상품을 사용·착용하거나 대사를 통해 상품을 언급하는 것이고, 주변적 배치는 화면 속의 배경을 통해 상품을 누출하는 것인데, 시청자들은 주변적 배치보다 주류적 배치에 더 주목하게 된다. 또 간접 광고를 통해 배치되는 상품이 자연스럽게 활용되어 프로그램의 맥락에 잘 부합하면 해당 상품에 대한 광고 효과가 커지는데 이를 맥락 효과라 한다.

우리나라는 1990년대 중반부터 극히 제한된 형태의 간접 광고만을 허용하는 ㉠협찬 제도를 운영해 왔다. 이 제도는 프로그램 제작자가 협찬 업체로부터 경비, 물품, 인력, 장소 등을 제공받아 활용하고 프로그램이 종료될 때 협찬 업체를 알리는 협찬 고지를 허용했다. 그러나 프로그램의 내용이 전개될 때 상품명이나 상호를 보여 주거나 출연자가 이를 언급해 광고 효과를 주는 것은 법으로 금지했다. 협찬 받은 의상의 상표를 보이지 않게 가리는 것은 그 때문이다.

우리나라는 협찬 제도를 그대로 유지하면서 광고주와 방송사 등의 요구에 따라 방송법에 '간접 광고'라는 조항을 신설하여 2010년부터 시행하였다. ㉡간접 광고 제도가 도입된 취지는 프로그램 내에서 광고를 하는 행위에 대해 법적인 규제를 완화하여 방송 광고 산업을 활성화하겠다는 것이었다. 이로써 프로그램 내에서 상품명이나 상호를 보여 주는 것이 허용되었다. 다만 시청권의 보호를 위해 상품명이나 상호를 언급하거나 구매와 이용을 권유하는 것은 금지되었다. 또 방송이 대중에게 미치는 영향력이 크기 때문에 객관성과 공정성이 요구되는 보도, 시사, 토론, 등의 프로그램에서는 간접 광고가 금지되었다. 그럼에도 불구하고 간접 광고 제도를 비판하는 사람들은 간접 광고로 인해 광고 노출 시간이 길어지고 프로그램의 맥락과 동떨어진 억지스러운 상품 배치가 빈번해 프로그램의 질이 떨어지고 있다고 주장한다.

이처럼 시청자의 인식 속에 은연 중 파고드는 간접 광고에 적절히 대응하기 위해서는 시청자들에게 간접 광고에 대한 주체적 해석이 요구된다. 미디어 이론가들에 따르면, 사람들은 외부의 정보를 주체적으로 해석할 수 있는 자기 나름의 프레임을 갖고 있어서 미디어의 콘텐츠를 수동적으로만 받아들이는 것은 아니다. 이것이 간접 광고를 분석하고 그것을 비판적으로 수용하는 미디어 교육이 필요한 이유이다.

21 윗글에 대한 설명으로 적절하지 않은 것은?

① 간접 광고의 개념과 특성을 밝히고 있다.

② 간접 광고와 관련된 제도를 소개하고 있다.

③ 간접 광고를 배치 방식에 따라 구분하고 있다.

④ 간접 광고 제도에 대한 비판적 견해를 소개하고 있다.

⑤ 간접 광고에 관한 이론의 발전 과정을 분석하고 있다.

> **✔해설** 제시된 지문에서는 간접 광고와 관련된 제도의 변천 과정을 소개하고 있을 뿐 간접 광고 이론의 발전 과정을 분석하고 있지는 않다.

22 윗글을 통해 알 수 있는 내용으로 적절한 것은?

① 간접 광고에서 주변적 배치가 주류적 배치보다 더 시청자의 주목을 받는다.

② 간접 광고는 직접 광고에 비해 시청자가 즉각적으로 광고를 회피하기가 더 쉽다.

③ 간접 광고가 삽입된 프로그램을 시청할 때에는 수용자 개인의 프레임이 작동하지 않는다.

④ 직접 광고와 간접 광고는 광고가 시청자들에게 주는 효과의 정도에 따라 구분한 것이다.

⑤ 간접 광고가 광고인 것을 시청자가 알아차리지 못하는 동안에도 광고 효과는 발생할 수 있다.

> ✔ 해설 ⑤ 첫째 문단의 '요즘 시청자들은 자신도 모르는 사이에 간접 광고에 수시로 노출되어 광고와 더불어 살아가는 환경에 놓이게 됐다.'라는 내용과 다섯째 문단의 '이처럼 시청자의 인식 속에 은연 중 파고드는 간접 광고'라는 표현을 통해 알 수 있다.

23 ㉠과 ㉡에 대하여 추론한 내용으로 적절하지 않은 것은?

① ㉠이 시행되면서, 프로그램 내용이 전개될 때 상표를 노출할 수 있게 되어 방송 광고업계는 이 제도를 환영했겠군.

② ㉠에 따라 경비를 제공한 협찬 업체는 프로그램이 종료될 때의 협찬 고지를 통해서 광고 효과를 거둘 수 있겠군.

③ ㉡이 도입된 이후에는 프로그램 내용이 전개될 때 작위적으로 상품을 노출시키는 장면이 많아졌겠군.

④ ㉡을 도입할 때 보도와 토론 프로그램에서 간접 광고를 허용하지 않은 것은 방송의 공적 특성을 고려한 것이겠군.

⑤ ㉠에 따른 광고와 ㉡에 따른 광고 모두 맥락 효과를 얻을 수 있겠군.

> ✔ 해설 셋째 문단에서, 협찬 제도는 극히 제한된 형태의 간접 광고만을 허용하는 제도로, 프로그램이 종료될 때 협찬 업체를 알리는 협찬 고지는 허용하지만, 프로그램의 내용이 전개될 때 상품명이나 상호를 보여 주거나 출연자가 이를 언급해 광고 효과를 주는 것은 법으로 금지했다고 하였다. 따라서 협찬 제도가 시행되면서 프로그램 내용이 전개될 때 상표를 노출할 수 있게 되어 방송 광고업계는 이 제도를 환영했을 것이라고 추론할 수 없다.

24 윗글을 바탕으로 다음의 제시문을 이해한 내용으로 적절하지 않은 것은?

> 다음은 최근 인기 절정의 남녀 출연자가 등장한, 우리나라 방송 프로그램의 한 장면에 대한 설명이다.
> 연인 관계로 설정된 두 남녀가 세련되고 낭만적인 분위기의 커피 전문점에 앉아 있다. 남자가 사용하고 있는 휴대전화는 상표가 선명하게 보인다. 여자가 입고 있는 의상의 상표가 가려져서 시청자들은 상표를 알아볼 수 없다. 남자는 창밖에 보이는 승용차의 상품명을 언급하며 소음이 없는 좋은 차라고 칭찬한다.
> 커피 전문점, 휴대 전화, 의상, 승용차는 이를 제공한 측과 방송사 측의 사전 계약에 의해 활용된 것이다.
> 커피 전문점의 이름과 의상을 제공한 업체의 이름은 이 프로그램이 종료될 때 고지되었다.

① 남자가 사용하는 휴대 전화의 제조 회사는 간접 광고의 주류적 배치를 활용하고 있군.

② 여자가 입고 있는 의상을 제공한 의류 회사는 간접 광고의 주변적 배치를 활용하고 있군.

③ 이 프로그램에는 협찬 제도에 따른 광고와 간접 광고 제도에 따른 광고가 모두 활용되고 있군.

④ 남자가 승용차에 대해 말하는 내용으로 보아 이 방송 프로그램은 현행 국내법을 위반하고 있군.

⑤ 방송 후 화면 속의 배경이 된 커피 전문점에 가려고 그 위치를 문의하는 전화가 방송사에 쇄도했다면 간접 광고의 맥락 효과가 발생한 것이군.

✔ **해설** 윗글에서 주류적 배치는 출연자가 상품을 사용·착용하거나 대사를 통해 상품을 언급하는 것이고, 주변적 배치는 화면 속의 배경을 통해 상품을 노출하는 것이라고 설명하였으므로 제시문에서 여자는 의상을 입고 있으므로, 여자가 입고 있는 의상을 제공한 의류 회사는 간접 광고의 주변적 배치를 활용하고 있는 것이 아니라 주류적 배치를 활용하고 있다고 볼 수 있다.

19세기 중반 화학자 분젠은 불꽃 반응에서 나타나는 물질 고유의 불꽃색에 대한 연구를 진행하고 있었다. 그는 버너 불꽃의 색을 제거한 개선된 버너를 고안함으로써 물질의 불꽃색을 더 잘 구별할 수 있도록 하였다. 하지만 두 종류의 금속이 섞인 물질의 불꽃은 색깔이 겹쳐서 분간이 어려웠다. 이에 ㉠키르히호프는 프리즘을 통한 분석을 제안했고 둘은 협력하여 불꽃의 색을 분리시키는 분광 분석법을 창안했다. 이것은 과학사에 길이 남을 업적으로 이어졌다.

그들은 불꽃 반응에서 나오는 빛을 프리즘에 통과시켜 띠 모양으로 분산시킨 후 망원경을 통해 이를 들여다보는 방식으로 실험을 진행하였다. 빛이 띠 모양으로 분산되는 것은 빛이 파장이 짧을수록 굴절하는 각이 커지기 때문이다. 이 방법을 통해 그들은 알칼리 금속과 알칼리 토금속의 스펙트럼을 체계적으로 조사하여 그것들을 함유한 화합물들을 찾아내었다. 이 과정에서 그들은 특정한 금속의 스펙트럼에서 띄엄띄엄 떨어진 밝은 선의 위치는 그 금속이 홑원소로 존재하든 다른 원소와 결합하여 존재하든 불꽃의 온도에 상관없이 항상 같다는 결론에 도달하였다. 이로써 화학 반응을 이용하는 전통적인 분석 화학의 방법에 의존하지 않고도 정확하게 화합물의 원소를 판별해 내는 분광 분석법이 탄생하였다. 이 방법의 유효성은 그들이 새로운 금속 원소인 세슘과 루비듐을 발견함으로써 입증되었다.

1859년 키르히호프는 이 방법을 천문학 분야로까지 확장하였다. 그는 불꽃 반응 실험에서 관찰한 나트륨 스펙트럼의 두 개의 인접한 밝은 선과 1810년대 프라운호퍼가 프리즘을 이용하여 태양빛의 스펙트럼에서 검은 선이 나타나는 원인을 설명할 수 있었다. 그는 태양빛의 스펙트럼의 검은 선들 중에서 프라운호퍼의 D선이 나트륨 고유의 밝은 선들과 같은 파장에서 겹쳐지는 것을 확인하고, D선은 태양에서 비교적 차가운 부분인 태양 대기 중에 존재하는 나트륨 때문에 생긴다고 해석했다. 이것은 태양 대기 중의 나트륨이 태양의 더 뜨거운 부문에서 나오는 빛 가운데 D선에 해당하는 파장의 빛들을 흡수하기 때문이다. 태양빛의 스펙트럼을 보면 D선 이외에도 차가운 태양 대기 중의 특정 원소에 의해 흡수된 빛의 파장 위치에 검은 선들이 나타난다. 이 검은 선들은 그 특정 원소가 불꽃 반응에서 나타내는 스펙트럼 상의 밝은 선들과 나타나는 위치가 동일하다.

25 윗글을 바탕으로 할 때, ㉠의 업적으로 볼 수 있는 것은?

① 화학 반응을 이용하는 분석 화학 방법을 확립하였다.
② 태양빛의 스펙트럼에 검은 선이 존재함을 알아내었다.
③ 물질을 불꽃에 넣으면 독특한 불꽃색이 나타나는 것을 발견하였다.
④ 프리즘을 이용하여 태양빛의 스펙트럼을 얻는 방법을 창안하였다.
⑤ 천체에 가지 않고도 그 대기에 존재하는 원소에 대한 정보를 얻을 수 있는 길을 열었다.

> ✔해설 ⑤ 셋째 문단에서, 키르히호프는 불꽃 반응 실험에서 나온 금속 원소의 스펙트럼을 태양빛의 스펙트럼과 비교하여 태양 대기 중에 존재하는 특정 원소의 존재를 파악할 수 있는 길을 열었다고 설명하고 있다. 이후 동료 과학자들이 이러한 분광 분석법을 적용하여 천체 대기의 화학적 조성을 밝혀냈다고 하였으므로, 결국 키르히호프는 분광 분석법을 통해 천체에 가지 않고도 그 대기에 존재하는 원소에 관한 정보를 얻을 수 있는 길을 열었다고 말할 수 있다.

Answer 24.② 25.⑤

26 윗글을 이해한 내용으로 가장 적절한 것은?

① 루비듐의 존재는 분광 분석법이 출현하기 전에 확인되었다.

② 빛을 프리즘을 통해 분산시키면 빛의 파장이 길수록 굴절하는 각이 커진다.

③ 금속 원소 스펙트럼의 밝은 선의 위치는 불꽃의 온도를 높여도 변하지 않는다.

④ 철이 태양 대기에 존재한다는 사실은 나트륨이 태양 대기에 존재한다는 사실보다 먼저 밝혀졌다.

⑤ 분젠은 두 종류 이상의 금속이 섞인 물질에서 나오는 각각의 불꽃색이 겹쳐지는 현상을 막아주는 버너를 고안하였다.

> **✔해설** 둘째 문단에서, 분젠과 키르히호프는 불꽃 반응에서 나오는 빛을 프리즘에 통과시켜 띠 모양으로 분산시킨 후 망원경을 통해 이를 들여다보는 방식으로 실험을 진행했는데, 이 과정에서 특정한 금속의 스펙트럼에서 나타나는 밝은 선의 위치는 그 금속이 홑원소로 존재하든 다른 원소와 결합하여 존재하든 불꽃의 온도에 상관없이 항상 같다는 결론에 도달하였다고 설명하였으므로 ③이 가장 적절하다.

27 다음 글의 제목으로 가장 적절한 것은?

> 어느 대학의 심리학 교수가 그 학교에서 강의를 재미없게 하기로 정평이 나 있는, 한 인류학 교수의 수업을 대상으로 실험을 계획했다. 그 심리학 교수는 인류학 교수에게 이 사실을 철저히 비밀로 하고, 그 강의를 수강하는 학생들에게만 사전에 몇 가지 주의 사항을 전달했다. 첫째, 그 교수의 말 한 마디 한 마디에 주의를 집중하면서 열심히 들을 것. 둘째, 얼굴에는 약간 미소를 띠면서 눈을 반짝이며 고개를 끄덕이기도 하고 간혹 질문도 하면서 강의가 매우 재미있다는 반응을 겉으로 나타내며 들을 것.
> 한 학기 동안 계속된 이 실험의 결과는 흥미로웠다. 우선 재미없게 강의하던 그 인류학 교수는 줄줄 읽어 나가던 강의 노트에서 드디어 눈을 떼고 학생들과 시선을 마주치기 시작했고 가끔씩은 한두 마디 유머 섞인 농담을 던지기도 하더니, 그 학기가 끝날 즈음엔 가장 열의 있게 강의하는 교수로 면모를 일신하게 되었다. 더욱 더 놀라운 것은 학생들의 변화였다. 처음에는 실험 차원에서 열심히 듣는 척하던 학생들이 이 과정을 통해 정말로 강의에 흥미롭게 참여하게 되었고, 나중에는 소수이긴 하지만 아예 전공을 인류학으로 바꾸기로 결심한 학생들도 나오게 되었다.

① 학생 간 의사소통의 중요성

② 교수 간 의사소통의 중요성

③ 언어적 메시지의 중요성

④ 공감하는 듣기의 중요성

⑤ 실험정신의 중요성

> **✔해설** 제시된 글은 실험을 통해 학생들의 열심히 듣기와 강의에 대한 반응이 교수의 말하기에 미친 영향을 보여 주고 있다. 즉, 경청, 공감하며 듣기의 중요성에 대해 보여 주는 것이다.

28 다음 주어진 글에 대한 내용으로 옳지 않은 것은?

혈액의 기본 기능인 산소 운반능력이 감소하면 골수에서는 적혈구 생산, 즉 조혈과정이 촉진된다. 조직 내 산소 농도의 감소가 골수에서의 조혈을 직접 촉진하지는 않는다. 신장에 산소 공급이 감소하면 신장에서 혈액으로 에리트로포이어틴을 분비하고 이 호르몬이 골수의 조혈을 촉진한다. 에리트로포이어틴은 적혈구가 성숙, 분화하도록 하여 혈액에 적혈구 수를 늘려서 조직에 충분한 양의 산소가 공급되도록 한다. 신장에 산소 공급이 충분히 이루어지면 에리트로포이어틴의 분비도 중단된다. 출혈이나 정상 적혈구가 과도하게 파괴된 경우 6배 정도까지 조혈 속도가 상승한다.

골수에서 생산된 성숙한 적혈구가 혈관을 따라 순환하려면 헤모글로빈 합성, 핵과 세포내 소기관 제거 등의 과정을 거친다. 에리트로포이어틴의 자극을 받으면 적혈구는 수일 내에 혈액으로 흘러들어간다. 상당한 출혈로 적혈구 조혈이 왕성해지면 성숙하지 못한 망상적혈구가 골수에서 혈액으로 들어온다.

운동을 하는 근육은 계속해서 에너지를 생성하기 위해 산소를 요구한다. 혈액 도핑은 혈액의 산소 운반능력을 증가시키기 위해 고안된 기술이다. 자기 혈액을 이용한 혈액 도핑은 운동선수로부터 혈액을 뽑아 혈장은 선수에게 다시 주입하고 적혈구는 냉장 보관하다가 시합 1~7일 전에 주입하는 방법이다. 시합 3주 전에 450mL정도의 혈액을 뽑아내면 시합 때까지 적혈구 조혈이 왕성해져서 근육 내 산소 농도는 피를 뽑기 전의 정상수준으로 증가한다. 그리고 저장한 적혈구를 재주입하면 적혈구 수와 헤모글로빈이 증가한다. 표준 운동시험에서 혈액 도핑을 받은 선수는 도핑을 하지 않은 경우와 비교해 유산소 운동 능력이 5~13% 증가한다. 이처럼 운동선수의 적혈구가 증가하여 경기 능력 향상에 도움이 되지만, 혈액의 점성이 증가해 부작용이 발생할 수도 있다.

합성 에리트로포이어틴을 이용한 혈액 도핑 문제도 심각하다. 합성 에리트로포이어틴 투여는 격렬한 운동이 요구되는 선수의 경기 능력을 7~10% 향상시킨다는 것이 입증되어, 많은 선수들이 암암리에 사용하고 있다. 1987년 유럽 사이클 선수 20명의 사망 원인으로 합성 에리트로포이어틴이 의심되고 있지만, 많은 선수들이 이러한 위험을 기꺼이 감수하고 있다.

① 적혈구가 많을수록 유산소 운동능력 향상에 도움이 된다.

② 혈액 도핑을 위해 혈액을 뽑은 뒤 근육 내 산소 농도를 원래만큼 회복하기 전에 다시 혈액을 주입할 시 도핑 효과가 떨어질 것이다.

③ 혈액 도핑을 위해 혈액을 뽑으면, 운동선수의 혈관 내 혈액에서는 망상적혈구를 볼 수 있을 것이다.

④ 합성 에리트로포이어틴을 주입할 시 신장을 자극하여 적혈구 생산을 촉진하기 때문에 운동 효과가 극대화 된다.

⑤ 자기 혈액을 이용한 도핑으로 혈액의 점성이 높아지는 부작용이 있다.

> **✔해설** ④ 신장은 적혈구의 생산에 직접 관여하지 않으며 신장에 산소공급이 감소될 시 분비되는 에리트로포이어틴이 골수를 자극하여 적혈구 생산을 촉진한다. 따라서 에리트로포이어틴이 신장을 자극한다는 것을 옳지 않다.

Answer 26.③ 27.④ 28.④

29 다음 글의 중심내용으로 가장 적절한 것은?

> 행랑채가 퇴락하여 지탱할 수 없게끔 된 것이 세 칸이었다. 나는 마지못하여 이를 모두 수리하였다. 그런데 그중의 두 칸은 앞서 장마에 비가 샌 지가 오래되었으나, 나는 그것을 알면서도 이럴까 저럴까 망설이다가 손을 대지 못했던 것이고, 나머지 한 칸은 비를 한 번 맞고 샜던 것이라 서둘러 기와를 갈았던 것이다. 이번에 수리하려고 본즉 비가 샌 지 오래된 것은 그 서까래, 추녀, 기둥, 들보가 모두 썩어서 못 쓰게 되었던 까닭으로 수리비가 엄청나게 들었고, 한 번밖에 비를 맞지 않았던 한 칸의 재목들은 완전하여 다시 쓸 수 있었던 까닭으로 그 비용이 많이 들지 않았다.
>
> 나는 이에 느낀 것이 있었다. 사람의 몸에 있어서도 마찬가지라는 사실을. 잘못을 알고서도 바로 고치지 않으면 곧 그 자신이 나쁘게 되는 것이 마치 나무가 썩어서 못 쓰게 되는 것과 같으며, 잘못을 알고 고치기를 꺼리지 않으면 해(害)를 받지 않고 다시 착한 사람이 될 수 있으니, 저 집의 재목처럼 말끔하게 다시 쓸 수 있는 것이다. 뿐만 아니라 나라의 정치도 이와 같다. 백성을 좀먹는 무리들을 내버려두었다가는 백성들이 도탄에 빠지고 나라가 위태롭게 된다. 그런 연후에 급히 바로잡으려 하면 이미 썩어 버린 재목처럼 때는 늦은 것이다. 어찌 삼가지 않겠는가.

① 모든 일에 기초를 튼튼히 해야 한다.

② 청렴한 인재 선발을 통해 정치를 개혁해야 한다.

③ 잘못을 알게 되면 바로 고쳐 나가는 자세가 중요하다.

④ 훌륭한 위정자가 되기 위해서는 매사 삼가는 태도를 지녀야 한다.

⑤ 모든 일에는 순서가 있는 법이다.

✔ 해설 첫 번째 문단에서 문제를 알면서도 고치지 않았던 두 칸을 수리하는 데 수리비가 많이 들었고, 비가 새는 것을 알자마자 수리한 한 칸은 비용이 많이 들지 않았다고 하였다. 또한 두 번째 문단에서 잘못을 알면서도 바로 고치지 않으면 자신이 나쁘게 되며, 잘못을 알자마자 고치기를 꺼리지 않으면 다시 착한 사람이 될 수 있다하며 이를 정치에 비유해 백성을 좀먹는 무리들을 내버려 두어서는 안 된다고 서술하였다. 따라서 글의 중심내용으로는 잘못을 알게 되면 바로 고쳐 나가는 것이 중요하다가 적합하다.

30 글의 앞뒤 내용을 바탕으로, ㈎~㈐를 논리적 흐름이 자연스럽게 배열한 것은?

> 이십 세기 한국 지성인의 지적 행위는 그들이 비록 한국인이라는 동양 인종의 피를 받고 있음에도 불구하고 대체적으로 서양이 동양을 해석하는 그러한 틀 속에서 이루어졌다.
>
> > ㈎ 그러나 그 역방향 즉 동양이 서양을 해석하는 행위는 실제적으로 부재해 왔다. 이러한 부재 현상의 근본 원인은 매우 단순한 사실에 기초한다.
> > ㈏ 동양이 서양을 해석한다고 할 때에 그 해석학적 행위의 주체는 동양이어야만 한다.
> > ㈐ '동양은 동양이다.'라는 토톨러지(tautology)나 '동양은 동양이어야 한다.'라는 당위 명제가 성립하기 위해서는 동양인인 우리가 동양을 알아야 한다.
> > ㈑ 그럼에도 우리는 동양을 너무도 몰랐다. 동양이 왜 동양인지, 왜 동양이 되어야만 하는지 아무도 대답을 할 수가 없었다.
>
> 동양은 버려야 할 그 무엇으로서만 존재 의미를 지녔다. 즉, 서양의 해석이 부재한 것이 아니라 서양을 해석할 동양이 부재했다.

① ㈎ - ㈏ - ㈐ - ㈑
② ㈏ - ㈐ - ㈑ - ㈎
③ ㈐ - ㈑ - ㈎ - ㈏
④ ㈑ - ㈎ - ㈏ - ㈐
⑤ ㈐ - ㈏ - ㈎ - ㈑

✔ **해설** 첫 문장에서 서양에 의한 동양의 해석이 나타나고 있고 그 이후에는 동양이 서양을 해석하는 것의 부재에 대해 서술하고 있으므로 ㈎ '그러나'이후의 문장으로 반론을 제시하고 ㈎에서 말한 동양이 서양을 해석하는 행위의 주체는 동양이어야 한다고 자연스럽게 ㈏로 이어진다. ㈑의 '그럼에도'는 ㈐의 '~ 알아야 한다'와 자연스럽게 이어지므로 글의 순서는 ㈎ - ㈏ - ㈐ - ㈑가 옳다.

<u>**Answer**</u>　29.③　30.①

31 다음 중 ㉠의 예로 적절한 것은?

언어 표현은 표현하려고 하는 대상에 대한 내포적인 뜻이나 외연적인 뜻을 표현한다. '내포(內包)'는 대상에 대해 화자가 떠올릴 수 있는 개인적인 느낌, 감정, 연상, 추측 등을 말한다. 가령 '봄'이라는 대상에 대해 화자는 한가롭고 포근한 마음을 느낄 수도 있고, 화창하고 생기발랄함을 느낄 수도 있으며, 어떤 시인처럼 잔인함을 느낄 수도 있다. '외연(外延)'은 그 대상이 객관적으로도 적용되는 범위, 사실을 말한다. 가령 '봄'이라는 대상에 대하여 일 년 중의 어떤 계절이며 평균 기온과 자연적인 특징 등 있는 그대로의 현상을 적용하며 그 뜻을 생각해 볼 수 있다.

사람들은 어떤 것을 생각할 때 이러한 두 가지 사고법, 곧 ㉠내포적인 사고와 외연적인 사고로 생각한다. 이 중에서도 흔히 하는 것이 내포적인 사고이다. 우리는 어떤 것을 생각할 때 사실을 보지 않고 대상의 내포적인 의미만 생각하면서 자신은 사실에 대하여 생각한다고 착각하기 쉽다. 내포적 사고는 마음 세계의 일이고 객관의 세계, 즉 사실의 세계와는 차원을 달리하고 있음에도 불구하고, 우리는 종종 말과 사실을 동일시하고 잘못된 판단을 내리기 쉽다.

반면에 우리들이 외연적인 사고를 하는 것은 사실을 발견하고 입증하고 직접 경험에 주의를 기울여 주관에 치우치지 않으려는 노력이 포함된다. 우리가 일상적으로는 나의 일이 아닌 남의 일, 세상의 일에 대해서는 외연적인 사고를 하기가 어렵다. 외연적인 사고는 사실을 일반으로 하고 있어야 하는데, 그러한 사실의 직접 확인은 현실적으로 어렵기 때문이다.

① 나는 어제 시골이 있는 할아버지 댁을 방문했다.

② 백남준은 한국이 낳은 세계적인 예술가 중 한 사람이야.

③ 20세기 초에도 우리나라에는 외국인들이 거주하고 있었다.

④ 요즘 청소년들은 십 년 전 청소년들에 비해 신체 조건이 좋다.

⑤ 바람에 흔들리는 나뭇가지의 소리로 보아 태풍이 올 것이 분명해.

> **✔해설** ⑤ 개인적인 추측에 해당하므로 내포적인 사고의 예에 해당한다.
> ①②③④ 외연적인 사고의 사례

32 〈보기〉 중 제시된 글에 이어질 내용으로 옳지 않은 것은?

> 20세기 후반부터 급격히 보급된 인터넷 기술 덕택에 가히 혁명이라 할 만한 새로운 독서 방식이 등장했다. 검색형 독서라고 불리는 이 방식은, 하이퍼텍스트 문서나 전자책의 등장으로 책의 개념이 바뀌고 정보의 저장과 검색이 놀라우리만치 쉬워진 환경에서 가능해졌다. 독서가 거대한 정보의 바다에서 길을 잃지 않고 항해하는 것에 비유될 정도로 정보 처리적 읽기나 비판적 읽기가 중요하게 되었다. 그렇다면 과거에는 어떠했을까?

〈보기〉

⑺ 새로운 독서 방식으로 다독이 등장했다. 금속 활자와 인쇄술의 보급으로 책 생산이 이전의 3~4배로 증가하면서 다양한 장르의 책들이 출판되었다.

⑷ 독자는 필요한 부분만 골라 읽을 수 있을 뿐 아니라 읽고 있는 텍스트의 일부를 잘라 내거나 읽던 텍스트에 다른 텍스트를 추가할 수 있게 되었다. 독자가 사용자로서 기능하기 시작한 것이다.

⒟ 초기의 독서는 소리 내어 읽는 음독 중심이었다. 고대 그리스인들은 쓰인 글이 완전해지려면 소리 내어 읽는 행위가 필요하다고 생각했다.

⒠ 흡사 종교 의식을 치르듯 성서나 경전을 진지하게 암송하는 낭독이나, 필자나 전문 낭독가가 낭독하는 것을 들음으로써 간접적으로 책을 읽는 낭독—듣기가 보편적이었다.

⒨ 독서 역사에 큰 변화가 일어나는데, 그것은 유럽 수도원의 필경사들 사이에서 시작된, 소리를 내지 않고 읽는 묵독의 발명이었다. 공동생활에서 소리를 최대한 낮춰 읽는 것이 불가피했던 것이다.

① ⑺   ② ⑷

③ ⒟   ④ ⒠

⑤ ⒨

✔해설 ② 주어진 글에 이어지는 내용은 과거의 독서방식에 대한 설명이어야 한다. ⑷는 과거의 독서방식이 아니라 사용자로서 기능하는 현대의 독자에 대하여 설명하고 있다.

33 다음 글의 서술 방식에 대한 설명으로 옳지 않은 것은?

> 글로벌 광고란 특정 국가의 제품이나 서비스의 광고주가 자국 외의 외국에 거주하는 소비자들을 대상으로 하는 광고를 말한다. 브랜드의 국적이 갈수록 무의미해지고 문화권에 따라 차이가 나는 상황에서, 소비자의 문화적 차이는 글로벌 소비자 행동에 막대한 영향을 미친다고 할 수 있다. 또한 점차 지구촌 시대가 열리면서 글로벌 광고의 중요성은 더 커지고 있다. 비교문화연구자 드 무이는 "글로벌한 제품은 있을 수 있지만 완벽히 글로벌한 인간은 있을 수 없다"고 말하기도 했다. 오랫동안 글로벌 광고 전문가들은 광고에서 감성 소구 방법이 이성 소구에 비해 세계인에게 보편적으로 받아들여진다고 생각해 왔지만 특정 문화권의 감정을 다른 문화권에 적용하면 동일한 효과를 얻기 어렵다는 사실이 속속 밝혀지고 있다. 일찍이 홉스테드는 문화권에 따른 문화적 가치관의 다섯 가지 차원을 제시했는데 권력 거리, 개인주의-집단주의, 남성성-여성성, 불확실성의 회피, 장기지향성이 그것이다. 그리고 이 다섯 가지 차원은 국가 간 비교 문화의 맥락에서 글로벌 광고 전략을 전개할 때 반드시 고려해야 하는 기본 전제가 된다.
>
> 그렇다면 글로벌 광고의 표현 기법에는 어떤 것들이 있을까? 글로벌 광고의 보편적 표현 기법은 크게 공개 기법, 진열 기법, 연상전이 기법, 수업 기법, 드라마 기법, 오락 기법, 상상 기법, 특수효과 기법 등 여덟 가지로 나눌 수 있다.

① 용어의 정의를 통해 논지에 대한 독자의 이해를 돕고 있다.

② 기존의 주장을 반박하는 방식으로 논지를 펼치고 있다.

③ 의문문을 사용함으로써 독자들로 하여금 호기심을 유발시키고 있다.

④ 전문가의 말을 인용함으로써 글의 신뢰성을 높이고 있다.

⑤ 예시와 열거 등의 설명 방법을 구사하여 주장의 설득력을 높이고 있다.

> ✔ **해설** ② 윗글에서는 기존의 주장을 반박하는 방식의 서술 방식은 찾아볼 수 없다.

34 다음 글을 읽고 알 수 있는 사실로 옳지 않은 것은?

> 반의관계는 서로 반대되거나 대립되는 의미를 가진 단어 사이의 의미 관계이다. 반의 관계는 두 단어가 여러 공통 의미 요소를 가지고 있으면서 다만 하나의 의미 요소가 다를 때 성립한다. 가령 '총각'의 반의어가 '처녀'인 것은 두 단어가 여러 공통 의미 요소를 가지고 있으면서 '성별'이라고 하는 하나의 의미 요소가 다르기 때문이다. 반의어는 반의관계의 성격에 따라 분류할 수 있다. 즉 반의어에는 '금속', '비금속'과 같이 한 영역 안에서 상호 배타적 대립관계에 있는 상보(모순) 반의어, '길다', '짧다'와 같이 두 단어 사이에 등급성이 있어서 중간 단계가 있는 등급(정도) 반의어, '형', '아우'와 '출발선', '결승선' 등과 같이 두 단어가 상대적 관계를 형성하고 있으면서 의미상 대칭을 이루고 있는 방향(대칭) 반의어가 있다.

① '앞'과 '뒤'는 등급 반의어가 아니다.
② '삶'과 '죽음'은 방향 반의어가 아니다.
③ 상보 반의어에는 '액체'와 '기체'가 있다.
④ 등급 반의어에는 '크다'와 '작다'가 있다.
⑤ 방향 반의어에는 '오른쪽'과 '왼쪽'이 있다.

✔해설 ③ 액체와 기체는 물질의 상태라는 한 영역 안에 있지만 물질의 상태에는 액체와 기체 외에도 고체 등이 존재하므로 상호 배타적이지 않다.
① 앞과 뒤는 방향 반의어이다.
② 삶과 죽음은 상보 반의어이다.
④ '크다'와 '작다'는 등급 반의어이다.
⑤ '오른쪽'과 '왼쪽'은 방향 반의어이다.

35 다음 글의 중심 내용으로 가장 적절한 것은?

> 전통은 물론 과거로부터 이어 온 것을 말한다. 이 전통은 대체로 그 사회 및 그 사회의 구성원인 개인의 몸에 배어 있는 것이다. 그러므로 스스로 깨닫지 못하는 사이에 전통은 우리의 현실에 작용하는 경우가 있다. 그러나 과거에서 이어 온 것을 무턱대고 모두 전통이라고 한다면, 인습이라는 것과의 구별이 서지 않을 것이다. 우리는 인습을 버려야 할 것이라고는 생각하지만, 계승해야 할 것이라고는 생각하지 않는다. 여기서 우리는, 과거에서 이어 온 것을 객관화하고, 이를 비판하는 입장에 서야 할 필요를 느끼게 된다. 그 비판을 통해서 현재의 문화 창조에 이바지할 수 있다고 생각되는 것만을 우리는 전통이라고 불러야 할 것이다. 이같이, 전통은 인습과 구별될뿐더러, 또 단순한 유물과도 구별되어야 한다. 현재의 문화를 창조하는 일과 관계가 없는 것을 우리는 문화적 전통이라고 부를 수가 없기 때문이다.

① 전통의 본질

② 인습의 종류

③ 문화 창조의 본질

④ 외래 문화 수용 자세

⑤ 과거에 대한 비판

✔ **해설** 전통은 과거로부터 이어온 것 중 현재의 문화 창조에 이바지할 수 있는 것만을 말한다. 인습이나 유물은 현재 문화 창조에 이바지할 수 없으므로 전통과는 구별되어야 한다는 것이 글의 중심 내용이다.

프랑스는 1999년 고용상의 남녀평등을 강조한 암스테르담 조약을 인준하고 국내법에 도입하여 시행하였으며, 2006년에는 양성 간 임금 격차축소와 일·가정 양립을 주요한 목표로 삼는 '남녀 임금평등에 관한 법률'을 제정하였다. 이 법에서는 기업별, 산업별 교섭에서 남녀 임금격차 축소에 대한 내용을 포함하도록 의무화하고, 출산휴가 및 입양휴가 이후 임금 미상승분을 보충하도록 하고 있다. 스웨덴은 사회 전반에서 기회·권리 균등을 촉진하고 각종 차별을 방지하기 위한 '차별법'(The Discrimination Act) 시행을 통해 남녀의 차별을 시정하였다. 또한 신축적인 파트타임과 출퇴근시간 자유화, 출산 후 직장복귀 등을 법제화하였다. 나아가 공공보육시설 무상 이용(평균보육료부담 4%)을 실시하고 보편적 아동수당과 저소득층에 대한 주택보조금 지원 정책도 시행하고 있다. 노르웨이 역시 특정 정책보다는 남녀평등 분위기 조성과 일과 양육을 병행할 수 있는 사회적 환경 조성이 출산율을 제고하는 데 기여하였다. 한편 일본은 2005년 신신(新新)엔젤플랜을 발족하여 보육환경을 개선함으로써 여성의 경제활동을 늘리고, 남성의 육아휴직, 기업의 가족지원 등을 장려하여 저출산 문제의 극복을 위해 노력하고 있다.

① 각 국의 근로정책 소개

② 선진국의 남녀 평등문화

③ 남녀평등에 관한 국가별 법률 현황

④ 남녀가 평등한 문화 및 근로정책

⑤ 국가별 근로정책의 도입 시기

> ✔ 해설 몇 개 국가의 남녀평등 문화와 근로정책에 대하여 간략하게 기술하고 있으며, 노르웨이와 일본의 경우에는 법률을 구체적으로 언급하고 있지 않다. 또한 단순한 근로정책 소개가 아닌, 남녀평등에 관한 내용을 일관되게 소개하고 있으므로 전체를 포함하는 논지는 '남녀평등과 그에 따른 근로정책'에 관한 것이라고 볼 수 있다.

Answer 35.① 36.④

37 다음을 읽고, 빈칸에 들어갈 내용으로 가장 알맞은 것은?

> 역사적 사실(historical fact)이란 무엇인가? 이것은 우리가 좀 더 꼼꼼히 생각해 보아야만 하는 중요한 질문이다. 상식적인 견해에 따르면, 모든 역사가들에게 똑같은, 말하자면 역사의 척추를 구성하는 어떤 기초적인 사실들이 있다. 예를 들면 헤이스팅스(Hastings) 전투가 1066년에 벌어졌다는 사실이 그런 것이다. 그러나 이 견해에는 명심해야 할 두 가지 사항이 있다. 첫째로, 역사가들이 주로 관심을 가지는 것은 그와 같은 사실들이 아니라는 점이다. 그 대전투가 1065년이나 1067년이 아니라 1066년에 벌어졌다는 것, 그리고 이스트본(Eastbourne)이나 브라이턴(Brighton)이 아니라 헤이스팅스에서 벌어졌다는 것을 아는 것은 분명히 중요하다. 역사가는 이런 것들에서 틀려서는 안 된다. 하지만 나는 이런 종류의 문제들이 제기될 때 ___________________ 라는 하우스먼의 말을 떠올리게 된다. 어떤 역사가를 정확하다는 이유로 칭찬하는 것은 어떤 건축가를 잘 말린 목재나 적절히 혼합된 콘크리트를 사용하여 집을 짓는다는 이유로 칭찬하는 것과 같다.

① '정확성은 의무이며 곧 미덕이다'
② '정확성은 미덕이지 의무는 아니다'
③ '정확성은 의무도 미덕도 아니다'
④ '정확성은 의무이지 미덕은 아니다'
⑤ '정확성은 가장 우선적인 의무이다'

✔ **해설** 뒤에 이어지는 문장에서 빈칸에 들어갈 문장을 부연설명하고 있다. 뒤에 이어지는 문장에서 '정확성은 마땅히 해야 하는 것이며, 칭찬할 것은 아니다.'라는 내용을 이야기 하고 있으므로, 이와 일치하는 내용은 ④번이다.

38 다음 글을 읽고 알 수 있는 내용으로 적절하지 않은 것은 어느 것인가?

인공지능이란 인간처럼 사고하고 감지하고 행동하도록 설계된 일련의 알고리즘인데, 컴퓨터의 역사와 발전을 함께한다. 생각하는 컴퓨터를 처음 제시한 것은 컴퓨터의 아버지라 불리는 앨런 튜링(Alan Turing)이다. 앨런 튜링은 현대 컴퓨터의 원형을 제시한 인물로 알려져 있다. 그는 최초의 컴퓨터라 평가받는 에니악(ENIAC)이 등장하기 이전(1936)에 '튜링 머신'이라는 가상의 컴퓨터를 제시했다. 가상으로 컴퓨터라는 기계를 상상하던 시점부터 앨런 튜링은 인공지능을 생각한 것이다.

2016년에 이세돌 9단과 알파고의 바둑 대결이 화제가 됐지만, 튜링은 1940년대부터 체스를 두는 기계를 생각하고 있었다. 흥미로운 점은 튜링이 생각한 '체스 기계'는 경우의 수를 빠르게 계산하는 방식의 기계가 아니라 스스로 체스 두는 법을 학습하는 기계를 의미했다는 것이다. 요즘 이야기하는 머신러닝을 70년 전에 고안했던 것이다. 튜링의 상상을 약 70년 만에 현실화한 것이 '알파고'다. 이전에도 체스나 바둑을 두던 컴퓨터는 많았다. 하지만 그것들은 인간이 체스나 바둑을 두는 알고리즘을 입력한 것이었다. 이 컴퓨터들의 체스, 바둑 실력을 높이려면 인간이 더 높은 수준의 알고리즘을 제공해야 했다. 결국 이 컴퓨터들은 인간이 정해준 알고리즘을 수행하는 역할을 할 뿐이었다. 반면, 알파고는 튜링의 상상처럼 스스로 바둑 두는 법을 학습한 인공지능이다. 일반 머신러닝 알고리즘을 기반으로, 바둑의 기보를 데이터로 입력받아 스스로 바둑 두는 법을 학습한 것이 특징이다.

① 앨런 튜링이 인공지능을 생각해 낸 것은 컴퓨터의 등장 이전이다.

② 앨런 튜링은 세계 최초의 머신러닝 발명품을 고안해냈다.

③ 알파고는 스스로 학습하는 인공지능을 지녔다.

④ 알파고는 바둑을 둘 수 있는 세계 최초의 컴퓨터가 아니다.

⑤ 알파고는 입력된 알고리즘을 바탕으로 새로운 지능적 행위를 터득한다.

> ✔ **해설** 앨런 튜링은 세계 최초의 머신러닝 발명품을 고안해낸 것이 아니며, 머신러닝을 하는 체스 기계를 생각하고 있었다고만 언급되어 있으며, 이것을 현실화한 것이 알파고이다.
> ① 앨런 튜링의 인공지능에 대한 고안 자체는 컴퓨터 등장 이전에 '튜링 머신'을 통해 이루어졌다.
> ③ 알파고는 컴퓨터들과 달이 입력된 알고리즘을 기반으로 스스로 학습하는 지능을 지녔다.
> ④ 알파고 이전에도 바둑이나 체스를 두는 컴퓨터가 존재했었다.

정보 사회라고 하는 오늘날, 우리는 실제적 필요와 지식 정보의 획득을 위해서 독서하는 경우가 많다. 일정한 목적의식이나 문제의식을 안고 달려드는 독서일수록 사실은 능률적인 것이다. 르네상스적인 만능의 인물이었던 괴테는 그림에 열중하기도 했다. 그는 그림의 대상이 되는 집이나 새를 더 관찰하기 위해서 그리는 것이라고, 의아해 하는 주위 사람에게 대답했다고 전해진다. 그림을 그리겠다는 목적의식을 가지고 집이나 꽃을 관찰하면 분명하고 세밀하게 그 대상이 떠오를 것이다. 마찬가지로 일정한 주제 의식이나 문제의식을 가지고 독서를 할 때, 보다 창조적이고 주체적인 독서 행위가 성립될 것이다.

오늘날 기술 정보 사회의 시민이 취득해야 할 상식과 정보는 무량하게 많다. 간단한 읽기, 쓰기와 셈하기 능력만 갖추고 있으면 얼마 전까지만 하더라도 문맹(文盲)상태를 벗어날 수 있었다. 오늘날 사정은 이미 동일하지 않다. 자동차 운전이나 컴퓨터 조작이 바야흐로 새 시대의 '문맹'탈피 조건으로 부상하고 있다. 현대인 앞에는 그만큼 구비해야 할 기본적 조건과 자질이 수없이 기다리고 있다.

사회가 복잡해짐에 따라 신경과 시간을 바쳐야 할 세목도 증가하게 마련이다. 그러나 어느 시인이 얘기한 대로 인간 정신이 마련해 낸 가장 위대한 세계는 언어로 된 책의 마법 세계이다. 그 세계 속에서 현명한 주민이 되기 위해서는 무엇보다도 자기 삶의 방향에 맞게 시간을 잘 활용해야 할 것이다.

39 윗글의 핵심내용으로 가장 적절한 것은?

① 현대인이 구비해야 할 조건　　　　② 현대인이 다루어야 할 지식

③ 문맹상태를 벗어나기 위한 노력　　④ 지식 정보 획득을 위한 독서

⑤ 주제의식이나 문제의식을 가진 독서

> ✔해설　첫 번째 문단에서 '일정한 주제 의식이나 문제의식을 가지고 독서를 할 때 보다 창조적이고 주체적인 독서 행위가 성립될 것이다.'라고 언급하고 있다.

40 윗글의 내용과 일치하는 것은?

① 과거에는 간단한 읽기, 쓰기와 셈하기 능력만으로 문맹상태를 벗어날 수 있었다.

② 사회가 복잡해져도 신경과 시간을 바쳐야 할 세목은 일정하다.

③ 오늘날 기술 정보의 발달로 시민이 취득해야 할 상식과 정보는 적어졌다.

④ 실제적 필요와 지식 정보의 획득을 위해서 독서하는 것이 중요하다.

⑤ 주제 의식이나 문제의식에 의미를 두지 않고 독서를 해도 주체적인 독서 행위가 성립될 수 있다.

> ✔해설　두 번째 문단에서 '간단한 읽기, 쓰기와 셈하기 능력만 갖추고 있으면 얼마 전까지만 하더라도 문맹 상태를 벗어날 수 있었다.'고 언급하고 있다.

> 여기에 대리석 두 개가 있다고 가정해 보자. 하나는 거칠게 깎아낸 그대로이며, 다른 하나는 조각술에 의해 석상으로 만들어져 있다. 플로티노스에 따르면 석상이 아름다운 이유는, 그것이 돌이기 때문이 아니라 조각술을 통해 거기에 부여된 '형상' 때문이다. 형상은 그 자체만으로는 질서가 없는 질료에 질서를 부여하고, 그것을 하나로 통합하는 원리이다.
>
> 형상은 돌이라는 질료가 원래 소유하고 있던 것이 아니며, 돌이 찾아오기 전부터 돌을 깎는 장인의 안에 존재하던 것이다. 장인 속에 있는 이 형상을 플로티노스는 '내적 형상'이라 부른다. 내적 형상은 장인에 의해 돌에 옮겨지고, 이로써 돌은 아름다운 석상이 된다. 그러나 내적 형상이 곧 물체에 옮겨진 형상과 동일한 것은 아니다. 플로티노스는 내적 형상이 '돌이 조각술에 굴복하는 정도'에 응해서 석상 속에 내재하게 된다고 보았다.
>
> 그렇다면 우리가 어떤 석상을 '아름답다'고 느낄 때는 어떠한 일이 일어날까? 플로티노스는 우리가 물체 속의 형상을 인지하고, 이로부터 질료와 같은 부수적 성질을 버린 후 내적 형상으로 다시 환원할 때, 이 물체를 '아름답다'고 간주한다고 보았다. 즉, 내적 형상은 장인에 의해 '물체 속의 형상'으로 구현되고, 감상자는 물체 속의 형상으로부터 내적 형상을 복원함으로써 아름다움을 느끼는 것이다.

① 장인의 조각술은 질료에 내재되어 있던 '형상'이 밖으로 표출되도록 도와주는 역할을 한다.

② 물체에 옮겨진 '형상'은 '내적 형상'과 동일할 수 없으므로 질료 자체의 질서와 아름다움에 주목해야 한다.

③ 동일한 '내적 형상'도 '돌이 조각술에 굴복하는 정도'에 따라 서로 다른 '형상'의 조각상으로 나타날 수 있다.

④ 자연 그대로의 돌덩어리라 할지라도 감상자가 돌덩어리의 '내적 형상'을 복원해 낸다면 '아름답다'고 느낄 수 있다.

⑤ 감상자는 작품에 부수적 성질을 통합하고 질서를 부여함에 따라 '물체 속의 형상'을 환원시킨다.

✔해설 두 번째 문단 후반부에서 내적 형상이 물체에 옮겨진 형상과 동일한 것은 아니라고 하면서, '돌이 조각술에 굴복하는 정도'에 응해서 내적 형상이 내재한다고 하였다.
  ① 두 번째 문단 첫 문장에서 '형상'이 질료 속에 있는 것이 아니라, 장인의 안에 존재하던 것임을 알 수 있다.
  ② 첫 번째 문단 마지막 문장에서 질료 자체에는 질서가 없다고 했으므로, 지문의 '질료 자체의 질서와 아름다움'이라는 표현이 잘못되었다.
  ④ 마지막 문장에 의하면, 장인에 의해 구현된 '내적 형상'을 감상자가 복원함으로써 아름다움을 느낄 있다고 하였다. 자연 그대로의 돌덩어리에서는 복원할 '내적 형상'이 있다고 할 수 없다.
  ⑤ 질서를 부여하고 통합하는 것은 장인이 '형상'을 질료에 옮기는 과정이다. 감상자는 부수적 성질을 '버리고' 내적 형상을 환원한다.

Answer　39.⑤　40.①　41.③

42 다음 글의 전개방식을 사용하는 것은?

> 지금 지구 상공에는 수많은 인공위성이 돌고 있다. 인공위성은 크게 군사용 위성과 평화용 위성으로 나뉜다. 첩보위성, 위성 파괴 위성 등은 전자에 속하고, 통신 위성, 기상 관측 위성, 지구 자원 탐사 위성 등은 후자에 속한다.

① 법은 간단하게 공법과 사법으로 나누어 설명할 수 있다. 공법에는 헌법, 형법, 행정법 등이 있고, 사법에는 민법, 상법 등이 있다.

② 독서는 음독 중심의 독서에서 묵독으로, 그리고 다독이라는 분산형 독서에서 다시 20세기 후반부터 검색형 독서로 그 방식이 변화하였다.

③ 연민은 먼저 타인의 고통이 그 자신의 잘못에서 비롯된 것이 아니라 우연히 닥친 비극이어야 한다. 다음으로 그 비극이 언제든 나를 엄습할 수도 있다고 생각해야 한다.

④ 직구란 국내 소비자들이 인터넷 쇼핑몰 등을 통해 외국의 상품을 구매하는 행위를 의미하며, 역직구란 해외 소비자가 국내 인터넷 쇼핑몰 등에서 상품을 구입하는 행위를 말한다.

⑤ 프로이드는 그의 이론에서 주요 개념으로 리비도, 본능, 동일시 등을 제시하고 있고, 융은 페르소나, 아니마, 아니무스 등을 제시하고 있다.

✔ **해설** 제시된 글은 인공위성을 군사용 위성과 평화용 위성으로 나누어 각각에 포함되는 것이 무엇이 있는지 설명하고 있다.
② 시간의 흐름에 따른 독서 방식의 변화에 대해 설명하고 있다.
③ 연민이라는 것을 정의하기 위한 요소에 대해 설명하고 있다.
④ 직구와 역직구를 비교하여 설명하고 있다.
⑤ 프로이드와 융의 이론에서 주요개념을 비교하여 설명하고 있다.

43 다음 글의 내용과 일치하지 않는 것은 어느 것인가?

> 인문학이 기업 경영에 도움을 주는 사례는 대단히 많다. 휴렛패커드의 칼리 피오리나는 중세에서 르네상스로 전환하는 시기에 대한 관심이 디지털시대로 전환하는 시대를 이해하는 데 큰 도움을 주고 있다는 말을 하곤 한다. 또 마이클 아이스너 디즈니 CEO는 자신의 인문학적 소양이 국제 관계를 다루는데 큰 도움이 되었다고 한다.
>
> 역사나 문학은 인간과 사회에 대한 다양한 사례를 제공함으로써 인간과 사회를 깊이 이해하게 한다. 철학이 인간과 사회에 대한 본질적인 문제를 다루고 우리가 무엇을 지향해야 할 것인가 하는 가치의 문제를 다루게 하는 것과 함께 고려하면 문학, 역사, 철학은 인간과 사회에 대한 다양한 경험과 깊은 통찰을 알려주고 연마하는 중요한 학문임을 알게 된다. 그 핵심은 소통하고 공감하는 능력이다.
>
> 사회 환경 변화에 민감할 수밖에 없는 기업이 이를 가장 예민하게 받아들이고 있다. 현재는 경영 환경이 이전과 달리 복합적이고 복잡하다. 소비 자체가 하나의 문화적 현상이 되면서 기업도 물건을 파는 것이 아니라 문화를 함께 제공하여야 한다. 당연한 말이지만 이를 해결하기 위해서는 단편적인 지식이 아니라 인간을 이해하고 사회 문화를 파악할 수 있는 통찰력과 복합적 사고력이 요구된다.
>
> 게다가 요즈음은 새로운 기술이 개발되었다고 해도 복제나 다른 방법을 통해 곧 평준화된다. 신기술의 생명이 점점 짧아지는 것이 바로 이러한 추세를 반영한다. 그렇다면 후발 기업이나 선진 기업의 기술 격차가 난다고 해도 그것이 못 따라갈 정도는 아니라는 말이다. 지금의 차이도 시간의 문제일 뿐 곧 평준화된다고 보아야 한다. 이제 기술을 통해서 차별을 할 수 있는 시기는 지난 것이다.
>
> 이런 때 요구되는 것은 인간에 대한 깊은 이해로부터 만들어진 차별이다. 문화를 통한 기술이라는 것이 바로 이런 점이다. 어느 기업이든 인간을 어떻게 보느냐에 따라서 생산물에 그 철학이 담기게 되고 이것은 독특한 색채가 된다.

① 인문학적 소양은 인간과 사회를 깊이 이해하게 한다.

② 문학, 역사, 철학이 인간 사회에 주는 영향의 핵심은 소통과 공감 능력이다.

③ 소비자의 소비 행위는 단순히 물건을 구매하는 것을 넘어 하나의 문화적 현상이 되었다.

④ 기술 개발력의 향상으로 기업 간 격차와 차별화는 날로 심해진다.

⑤ 인간에 대한 깊은 이해가 바로 '문화를 통한 기술'의 핵심이다.

> ✔**해설** 필자는 주어진 글을 통해 복제나 다른 방법으로 신기술의 생명이 점점 짧아지고 있으며, 기업 간 기술 격차의 해소는 시간의 문제일 뿐 곧 평준화될 것이라는 점을 강조하며, 그러한 현상에 대한 대안적인 차별화 전략으로 인문학의 중요성을 이야기하고 있는 것이다.

> 한 기업이 여러 분야에 걸쳐서 사업을 확장하는 것을 다각화라고 한다. 우리는 흔히 한 기업이 무분별하게 다각화를 많이 전개하는 경우를 문어발식 확장이라고 비난한다. 그렇다면 기업들은 왜 다각화를 하는 것일까? 기업이 다각화를 하는 이유에 대해서는 여러 가지 설명들이 제시되었는데 크게 보자면 주주들의 이익에서 그 이유를 찾는 설명들과 경영자들의 이익에서 그 이유를 찾는 설명들로 나눌 수 있다. 주주들의 이익을 위해 다각화를 한다는 설명들은 하나의 기업이 동시에 복수의 사업 활동을 하는 것이 지출되는 총비용을 줄이고 기업의 효율성을 높일 수 있다는 범위의 경제에 바탕을 두고 있다. 이와 관련된 설명으로는 첫째, 다양한 제품들을 생산하는 기술들이나 그 제품들을 구매하는 소비자들 사이의 공통성을 활용함으로써 범위의 경제가 발생한다고 보는 견해가 있다. 각각의 제품을 생산하여 판매하는 일을 서로 다른 기업들이 따로 하는 것보다 한 기업이 전담하는 방법을 통해 비용의 효율성을 높일 수 있다는 것이다. 둘째, 기업이 충분히 활용하지 못하고 있는 인적·물적 자원을 새로운 영역에 확대 사용함으로써 범위의 경제가 발생한다고 보는 견해가 있다. 예를 들어 경영자가 가지고 있는 경영 재능이나 기업의 생산 및 유통 시스템을 여러 사업 분야에 확산시키는 방법을 통해 자원을 보다 효율적으로 활용할 수 있다고 보는 것이다. 셋째, 기업 내부의 자본 운용 효율성을 높임으로써 범위의 경제가 발생한다고 보는 견해가 있다. 여유 자금이 있는 사업 부문에서 벌어들인 돈을 이용하여 새로운 사업 부문의 투자 기회를 잘 살리는 방법을 통해 수익성을 높일 수 있다는 것이다. 이러한 설명들은 다각화를 통해 효율성을 높이며 기업의 수익 구조가 개선되어 주주들의 이익이 증진된다고 본다.

① 다각화를 전개하는 방법

② 다각화를 통해 이익을 얻는 주체

③ 다각화를 추진해야 하는 적절 시기

④ 소비자의 이익 추구가 다각화의 목적이라는 입장

⑤ 경영자들의 이익 추구가 다각화의 목적이라는 입장

✔해설 ⑤ '다각화를 하는 이유에 대해서는 여러 가지 설명들이 제시되었는데 크게 보자면 <u>주주들의 이익에서 그 이유를 찾는 설명들</u>과 <u>경영자들의 이익에서 그 이유를 찾는 설명들</u>로 나눌 수 있다.'라는 부분을 통해 제시문에서 다각화의 이유를 설명하는 두 가지 관점이 제시될 것임을 파악할 수 있다. 먼저 '주주들의 이익 추구가 다각화의 목적'이라는 입장이 제시되었으므로 이어질 내용은 '경영자들의 이익 추구가 다각화의 목적'이라는 입장이다.

(가) 전통주의는 냉전을 유발한 근본적 책임이 소련의 팽창주의에 있다고 보았다. 소련은 세계를 공산화하기 위한 계획을 수립했고, 이 계획을 실행하기 위해 특히 동유럽 지역을 시작으로 적극적인 팽창 정책을 수행하였다. 그리고 미국이 자유 민주주의 세계를 지켜야 한다는 도덕적 책임감에 기초하여 그에 대한 봉쇄 정책을 추구하는 와중에 냉전이 발생했다고 본다. 그리고 미국의 봉쇄 정책이 성공적으로 수행된 결과 냉전이 종식되었다는 것이 이들의 입장이다.

(나) 제2차 세계대전이 끝나고 나서 미국과 소련 및 그 동맹국들 사이에서 공공연하게 전개된 제한적 대결 상태를 냉전이라고 한다. 냉전의 기원에 관한 논의는 냉전이 시작된 직후부터 최근까지 계속 진행되었다. 이는 단순히 냉전의 발발 시기와 이유에 대한 논의만이 아니라, 그 책임 소재를 묻는 것이기도 하다. 그 연구의 결과를 편의상 세 가지로 나누어 볼 수 있다.

(다) 그러나 이와 같은 절충적 시각의 연구 성과는 일견 무난해 보이지만, 잠정적일 수밖에 없었다. 역사적 현상은 복합적인 요인들로 구성되지만, 중심적 경향성은 존재하고 이를 파악하여 설명하는 것이 역사 연구의 본령 중 하나이기 때문이다.

(라) 다른 입장에서는 절충적 시도로서 냉전의 책임을 일방적으로 어느 한쪽에 부과해서는 안 된다고 보았다. 즉, 냉전은 양국이 추진한 정책의 '상호 작용'에 의해 발생했다는 것이다. 또 경제를 중심으로만 냉전을 보아서는 안 되며 안보 문제 등도 같이 고려하여 파악해야 한다고 보았다. 소련의 목적은 주로 안보 면에서 제한적으로 추구되었는데, 미국은 소련의 행동에 과잉 반응했고, 이것이 상황을 악화시켰다는 것이다. 이로 인해 냉전책임론은 크게 후퇴하고 구체적인 정책 형성에 대한 연구가 부각되었다.

(마) 여기에 비판을 가한 연구는 기본적으로 냉전의 책임이 미국 쪽에 있고, 미국의 정책은 경제적 동기에서 비롯했다고 주장했다. 즉, 미국은 전후 세계를 자신들이 주도해 나가야한다고 생각했고, 전쟁 중에 급증한 생산력을 유지할 수 있는 시장을 얻기 위해 세계를 개방 경제 체제로 만들고자 했다. 그러므로 미국 정책 수립의 기저에 깔린 것은 이념이 아니라는 것이다. 무엇보다 소련은 미국에 비해 국력이 미약했으므로 적극적 팽창 정책을 수행할 능력이 없었다는 것이 수정주의의 기본적 입장이었다. 오히려 미국이 유럽에서 공격적인 정책을 수행했고, 소련은 이에 대응했다는 것이다.

45 주어진 글의 문맥이 자연스럽게 이어지도록 나열된 것을 고르시오.

① (가) − (나) − (다) − (라) − (마)

② (가) − (나) − (라) − (마) − (다)

③ (라) − (다) − (나) − (가) − (마)

④ (나) − (가) − (다) − (라) − (마)

⑤ (나) − (가) − (마) − (라) − (다)

✔ **해설** (나) 냉전의 기원에 대한 논의 − (가) 소련에 책임이 있다고 보는 전통주의 입장 − (마) 미국에 책임이 있다고 보는 수정주의 입장 − (라) 전통주의와 수정주의의 절충적 연구 − (다) 절충적 연구의 잠정적인 경향

Answer 44.⑤ 45.⑤

46 주어진 글의 내용과 일치하지 않는 것은?

① 냉전의 기원에 대한 책임이 소련에 있다고 보는 시각은 미국의 정책 성공으로 냉전이 종식되었다고 본다.

② 절충적 시각은 냉전을 바라볼 때 다양한 부분에 대한 고려가 필요하다고 본다.

③ 절충적 시각의 연구는 역사의 중심적인 경향성을 설명해준다.

④ 냉전의 책임이 미국 쪽에 있다고 보는 시각은 냉전이 이념으로 인해 발생했다는 주장을 비판한다.

⑤ 냉전의 기원에 대한 논의는 최근까지 진행되었다.

> ✔해설 ③ 절충적 시각의 연구는 복합적인 요인들의 상호작용에 의해 냉전이 발생했다고 보는 관점으로, 역사의 중심적인 경향성을 설명하지 못하는 잠정적인 성격을 지닌다.

47 다음 주어진 문장이 들어갈 위치로 가장 적절한 곳은?

> 유명인의 이미지가 여러 상품으로 분산되면 광고 모델과 상품 간의 결합력이 약해질 것이다. 이는 유명인 광고 모델의 긍정적인 이미지를 광고 상품에 전이하여 얻을 수 있는 광고 효과를 기대하기 어렵게 만든다.

> 유명인의 중복 출연은 과연 높은 광고 효과를 보장할 수 있을까? 유명인이 중복 출연하는 광고의 효과를 점검해 볼 필요가 있다.
> 어떤 모델이든지 상품의 특성에 적합한 이미지를 갖는 인물이어야 광고 효과가 제대로 나타날 수 있다. (가)
> 유명인의 중복 출연이 소비자가 모델을 상품과 연결시켜 기억하기 어렵게 한다는 점도 광고 효과에 부정적인 영향을 미친다. (나)
> 또한 유명인의 중복 출연 광고는 광고 메시지에 대한 신뢰를 얻기 힘들다. (다)
> 유명인 모델의 광고 효과를 높이기 위해서는 유명인이 자신과 잘 어울리는 한 상품의 광고에만 지속적으로 나오는 것이 좋다. (라)
> 여러 광고에 중복 출연하는 유명인이 많아질수록 외견상으로는 중복 출연이 광고 매출을 증대시켜 광고 산업이 활성화되는 것으로 보일 수 있다. 하지만 모델의 중복 출연으로 광고 효과가 제대로 나타나지 않으면 광고비가 과다 지출되어 결국 광고주와 소비자의 경제적인 부담으로 이어진다. 유명인을 비롯한 광고 모델의 적절한 선정이 요구되는 이유가 여기에 있다. (마)

① (가)　　　　　　　　　　② (나)

③ (다)　　　　　　　　　　④ (라)

⑤ (마)

> ✔해설 주어진 지문은 유명인의 중복 출연으로 모델과 상품을 연결시켜 기억하기 어려워지기 때문에 광고 효과가 온전하지 못하다는 것을 부연설명 하고 있으므로 (나)의 위치에 들어가는 것이 적절하다.

돈으로 사람들에게 동기를 부여하는 것은 가장 값비싼 방식이면서도 그리 효과적이지 않다. 미국 마이애미에서 해상 순찰을 하는 세관원들은 자동 소총으로 무장을 하고 있다. 그러나 그들은 마약 밀매선을 향해 총을 쏜 적이 없다고 하며, 정부에서 받는 월급 때문에 자신의 목숨을 위태롭게 할 생각은 없다고 잘라 말한다. 마약 밀매꾼들이 총을 쏘지 않는 한 연방 관리들도 총을 쏘지 않는다는 무언의 협정이 있기 때문이다.

이런 상황을 어떻게 바꿀 수 있을까? 우선 기꺼이 위험을 감수할 만큼 급료를 충분히 올려 주는 방법이 있다. 그렇다면 얼마를 주면 될까? 마이애미로 밀매선을 타고 들어오는 밀수꾼이 벌어들이는 수입에 맞먹는 액수면 충분할까? 이런 물음에 대한 대답은 어느 정도 나와 있다. 사람들은 돈에 목숨까지 걸지는 않는다. 경찰관, 소방관, 군인들은 돈 때문에 목숨을 바치는 것이 아니다. 그들이 목숨 바쳐 일하는 것은 자신의 생명과 육신의 안녕을 과감히 버릴 수 있도록 만드는 사회 규범, 즉 자기 직업과 임무에 대한 사명감 때문이다.

생산성이 점점 더 노동자의 능력과 노력에 좌우되고 있다는 사실을 염두에 둔다면 기업의 입장에서 이런 문제는 자못 심각하다. 더군다나 더 많은 비용을 들이지 않고도 노동자들의 자발적인 능력(能力)과 노력(勞力)을 이끌어 내어 생산성을 높일 수 있다면 더욱 솔깃하다. 우리는 돈에 어느 정도 끌린다. 하지만 장기적 관점에서 볼 때 더 중요한 영향을 미치는 힘은 사회 규범이다. 따라서 성과나 경쟁, 월급 등에 초점을 맞출 것이 아니라 사업의 목적, 사명감, 자부심 등을 사람들 마음속에 스며들게 하는 것이 더 나을 수 있다. 사회 질서를 유지하고 청소년들을 마약의 위험으로부터 지켜내는 경찰관들이나 소방관들을 치하하듯이 그들의 직업을 치하하는 것이다. 그러면서 동시에 기업이 육아 및 집세 보조, 자유 근무 제도, 체력 단련실, 구내 매점, 가족 야유회 등의 실질적 혜택과 편의를 제공하여 노동자들의 정서적 감응도 이끌어 내는 것이다. 이러한 혜택과 편의들은 고용주와 노동자라는 분명한 시장 교환적 관계를 사회 규범적 관계로 전환시킨다. 사회 규범적 관계가 형성된 직원들은 일에 대하여 열의와 성실성, 회사에 대한 애정을 보이며, 충성도가 약한 시장에서도 충실히 일하도록 동기를 부여받는다.

① 돈으로 노동자들의 생산성을 높이는 것은 한계가 있다.
② 경찰관이나 소방관은 사명감 때문에 목숨을 바치기도 한다.
③ 최근 경찰관이 위험한 상황에 노출되는 일이 더욱 많아졌다.
④ 기업은 실질적 혜택과 편의를 제공하여 생산성을 높일 수 있다.
⑤ 사회 규범적 관계를 맺은 직원들은 열의를 가지고 성실하게 일한다.

✔해설 ③ 경찰관이 위험에 노출되는 상황이 증가했다는 내용은 글에서 찾을 수 없다.

전통적 의미에서 영화적 재현과 만화적 재현의 큰 차이점 중 하나는 움직임의 유무일 것이다. 영화는 사진에 결여되었던 사물의 운동, 즉 시간을 재현한 예술 장르이다. 반면 만화는 공간이라는 차원만을 알고 있다. 정지된 그림이 의도된 순서에 따라 공간적으로 나열된 것이 만화이기 때문이다. 만일 만화에도 시간이 존재한다면 그것은 읽기의 과정에서 독자에 의해 사후에 생성된 것이다. 독자는 정지된 이미지에서 상상을 통해 움직임을 끌어낸다. 그리고 인물이나 물체의 주변에 그어져 속도감을 암시하는 효과선은 독자의 상상을 더욱 부추긴다.

만화는 물리적 시간의 부재를 공간의 유연함으로 극복한다. 영화 화면의 테두리인 프레임과 달리, 만화의 칸은 그 크기와 모양이 다양하다. 또한 만화에는 한 칸 내부에 그림뿐 아니라, 말풍선과 인물의 심리나 작중 상황을 드러내는 언어적·비언어적 정보를 모두 담을 수 있는 자유로움이 있다. 그리고 그것이 독자의 읽기 시간에 변화를 주게 된다. 하지만 영화에서는 이미지를 영사하는 속도가 일정하여 감상의 속도가 강제된다.

영화와 만화는 그 이미지의 성격에서도 대조적이다. 영화가 촬영된 이미지라면 만화는 수작업으로 만들어진 이미지이다. 빛이 렌즈를 통과하여 필름에 착상되는 사진적 원리에 따른 영화의 이미지 생산 과정은 기술적으로 자동화되어 있다. 그렇기에 영화 이미지 내에서 감독의 체취를 발견하기란 쉽지 않다. 그에 비해 만화는 수작업의 과정에서 자연스럽게 세계에 대한 작가의 개인적인 해석을 드러내게 된다. 이것은 그림의 스타일과 터치 등으로 나타난다. 그래서 만화 이미지는 '서명된 이미지'이다.

촬영된 이미지와 수작업에 따른 이미지는 영화와 만화가 현실과 맺는 관계를 다르게 규정한다. 영화는 실제 대상과 이미지가 인과 관계로 맺어져 있어 본질적으로 사물에 대한 사실적인 기록이 된다. 이 기록의 과정에는 촬영장의 상황이나 촬영여건과 같은 제약이 따른다. 그러나 최근에는 촬영된 이미지들을 컴퓨터 상에서 합성하거나 그래픽 이미지를 활용하는 디지털 특수 효과의 도움을 받는 사례가 늘고 있는데, 이를 통해 만화에서와 마찬가지로 실재하지 않는 대상이나 장소도 만들어 낼 수 있게 되었다.

만화의 경우는 구상을 실행으로 옮기는 단계가 현실을 매개로 하지 않는다. 따라서 만화 이미지는 그 제작 단계가 작가의 통제에 포섭되어 있는 이미지이다. 이 점은 만화적 상상력의 동력으로 작용한다. 현실과 직접적으로 대면하지 않기에 작가의 상상력에 이끌려 만화적 현실로 향할 수 있는 것이다.

① 두 대상에 대해서 전통적인 관점과 현대적인 관점으로 나누어 설명하고 있다.

② 두 대상을 비교하고 어떤 것이 현실을 더 잘 나타내는지에 대하여 결론을 내리고 있다.

③ 두 대상의 가장 큰 차이점에 초점을 맞추어 상세히 설명하고 있다.

④ 하나의 대상에 초점을 두고 다른 대상과의 공통점과 차이점을 설명하고 있다.

⑤ 두 대상의 차이점을 여러 부분에서 비교하여 설명하고 있다.

✔해설 영화적 재현과 만화적 재현의 차이점을 움직임의 유무, 이미지의 성격 등 여러 부분에서 비교하여 설명하고 있다.

50 다음을 읽고, 빈칸에 들어갈 내용으로 가장 알맞은 것은?

> 비트겐슈타인이 1918년에 쓴 『논리 철학 논고』는 '빈학파'의 논리실증주의를 비롯하여 20세기 현대 철학에 큰 영향을 주었다. 그는 많은 철학적 논란들이 언어를 애매하게 사용하여 발생한다고 보았기 때문에 언어를 분석하고 비판하여 명료화하는 것을 철학의 과제로 삼았다. 그는 이 책에서 언어가 세계에 대한 그림이라는 '그림 이론'을 주장한다. 이 이론을 세우는데 그에게 영감을 주었던 것은, 교통사고를 다루는 재판에서 장난감 자동차와 인형 등을 이용한 모형을 통해 사건을 설명했다는 기사였다. 그런데 모형을 가지고 사건을 설명할 수 있는 이유는 무엇일까? 그것은 모형이 실제의 자동차와 사람 등에 대응하기 때문이다. 그는 언어도 이와 같다고 보았다. 언어가 의미를 갖는 것은 언어가 세계와 대응하기 때문이다. 다시 말해 언어가 세계에 존재하는 것들을 가리키고 있기 때문이다. 언어는 명제들로 구성되어 있으며, 세계는 사태들로 구성되어 있다. 그리고 명제들과 사태들은 각각 서로 대응하고 있다. ________________________________

① 그러므로 언어는 세계를 설명할 수 있지만, 사건은 설명할 수 없다.

② 이처럼 언어와 세계의 논리적 구조는 동일하며, 언어는 세계를 그림처럼 기술함으로써 의미를 가진다.

③ 이처럼 비트겐슈타인은 '그림 이론'을 통해 언어가 설명할 수 없는 세계에 대하여 제시했다.

④ 그러므로 철학적 논란들은 언어를 명확하게 사용함으로써 사라질 것이다.

⑤ 게다가 언어의 명제들은 세계의 사태들과 완벽하게 대응할 수 없다.

✔해설 '그림 이론'에 대한 설명에서 언어가 세계와 대응한다는 내용에 이어지는 문장이므로 ②번이 적절하다.

❚1~10❚ 다음에 나열된 숫자의 규칙을 찾아 빈칸에 들어가기 적절한 수를 고르시오.

1

| 3   5   8   13   21   34   ( )   89 |

① 45 ② 55
③ 65 ④ 75
⑤ 85

✔**해설** 앞의 두 항을 더한 결과가 다음 항의 값이 되는 피보나치 수열이다.
21 + 34 = 55, 34 + 55 = 89이므로 빈칸에 들어갈 수는 55가 된다.

2

| 6   7   9   13   21   37   ( ) |

① 69 ② 68
③ 67 ④ 66
⑤ 65

✔**해설** 각 항에서의 증가폭이 +1, +2, +4, +8, +16이다. 각각 2^0, 2^1, 2^2, 2^3, 2^4이므로 다음 항에서는 $2^5 (= 32)$ 만큼 증가할 것을 알 수 있다. 따라서 37 + 32 = 69가 된다.

3

$$\frac{1}{3} \qquad \frac{4}{5} \qquad \frac{13}{9} \qquad \frac{40}{17} \qquad \frac{121}{33} \qquad (\quad) \qquad \frac{1093}{129}$$

① $\dfrac{364}{65}$　　　　　　　　　② $\dfrac{254}{53}$

③ $\dfrac{413}{48}$　　　　　　　　　④ $\dfrac{197}{39}$

⑤ $\dfrac{174}{36}$

✔ **해설**　• 앞의 항의 분모에 2^1, 2^2, 2^3, ……을 더한 것이 다음 항의 분모가 된다.

　　　　• 앞의 항의 분자에 3^1, 3^2, 3^3, ……을 더한 것이 다음 항의 분자가 된다.

　　따라서 $\dfrac{121+3^5}{33+2^5}=\dfrac{121+243}{33+32}=\dfrac{364}{65}$

4

$$\frac{1}{2} \qquad \frac{1}{3} \qquad \frac{2}{6} \qquad \frac{3}{18} \qquad (\quad) \qquad \frac{8}{1944} \qquad \frac{13}{209952}$$

① $\dfrac{8}{83}$　　　　　　　　　② $\dfrac{6}{91}$

③ $\dfrac{5}{108}$　　　　　　　　　④ $\dfrac{4}{117}$

⑤ $\dfrac{9}{251}$

✔ **해설**　• 앞의 두 항의 분모를 곱한 것이 다음 항의 분모가 된다.

　　　　• 앞의 두 항의 분자를 더한 것이 다음 항의 분자가 된다.

　　따라서 $\dfrac{2+3}{6\times18}=\dfrac{5}{108}$

Answer　1.② 2.① 3.① 4.③

5

$$10 \quad 2 \quad \frac{17}{2} \quad \frac{9}{2} \quad 7 \quad 7 \quad \frac{11}{2} \quad (\quad)$$

① $\dfrac{13}{2}$ ② $\dfrac{15}{2}$

③ $\dfrac{17}{2}$ ④ $\dfrac{19}{2}$

⑤ $\dfrac{21}{2}$

✔**해설** 홀수항과 짝수항을 따로 분리해서 생각하도록 한다.

홀수항은 분모 2의 분수형태로 변형시켜 보면 분자에서 −3씩 더해가고 있다.

$$10 = \frac{20}{2} \rightarrow \frac{17}{2} \rightarrow 7 = \frac{14}{2} \rightarrow \frac{11}{2}$$

짝수항 또한 분모 2의 분수형태로 변형시켜 보면 분자에서 +5씩 더해가고 있음을 알 수 있다.

$$2 = \frac{4}{2} \rightarrow \frac{9}{2} \rightarrow 7 = \frac{14}{2} \rightarrow \frac{19}{2}$$

6

$$\underline{20 \quad 10 \quad 3} \qquad \underline{30 \quad 5 \quad 7} \qquad \underline{40 \quad 5 \quad (\quad)}$$

① 8   ② 9

③ 10   ④ 11

⑤ 13

✔**해설** 첫 번째 수를 두 번째 수로 나눈 후 그 몫에 1을 더하고 있다.

$$20 \div 10 + 1 = 3, \ 30 \div 5 + 1 = 7, \ 40 \div 5 + 1 = 9$$

7

$$\underline{2 \quad 3 \quad 15} \quad \underline{3 \quad 4 \quad 28} \quad \underline{5 \quad 6 \quad (\quad)} \quad \underline{7 \quad 8 \quad 120}$$

① 50   ② 55

③ 58   ④ 66

⑤ 72

✔ **해설** 첫 번째 수와 두 번째 수를 더한 후, 그 숫자에 두 번째 수를 곱하면 세 번째 수가 된다.
$(2 + 3) \times 3 = 15$, $(3 + 4) \times 4 = 28$, $(5 + 6) \times 6 = \underline{66}$, $(7 + 8) \times 8 = 120$

8

| 2 3 4 13 | 3 6 ( ) 220 | 4 2 7 23 | 5 2 3 35 |

① 4 ② 5

③ 6 ④ 7

⑤ 8

✔ **해설** 각 밑줄의 두 번째 수가 첫 번째 수의 제곱수로 가고, 그 값에 세 번째 수를 더한 값이 네 번째 수가 된다. $3^2 + 4 = 13$, $6^3 (= 216) + \underline{4} = 220$, $2^4 + 7 = 23$, $2^5 + 3 = 35$

9

1 2 4 2 5 9 3 8 14 4 11 ( )

① 5 ② 11

③ 17 ④ 19

⑤ 23

✔ **해설** 세 항씩 묶어보면 (1 2 4), (2 5 9), (3 8 14), (4 11 __)가 되는데, 각 묶음의 첫 번째 수는 +1씩, 두 번째 수는 +3씩, 세 번째 수는 +5씩 변하고 있다. $4 + 5 = 9$, $9 + 5 = 14$, $14 + 5 = \underline{19}$

10

| 27 43 106 | 12 35 74 | 51 91 34 | 60 81 24 | 22 12 ( ) |

① 34 ② 38

③ 43 ④ 48

⑤ 53

✔ **해설** 각 조합의 세 개의 숫자 중, 첫 번째와 두 번째 숫자의 십의 자리와 일의 자리 수를 바꾸어 두 수를 더하면 세 번째 숫자가 된다. $72 + 34 = 106$, $21 + 53 = 74$, $15 + 19 = 34$, $6 + 18 = 24$, 따라서 $22 + 21 = 43$이 된다.

11

> • $A : \sqrt{(a-b)^2}$ • $B : |b-a|$

① $A > B$

② $A < B$

③ $A = B$

④ 비교할 수 없다.

✔해설 $\sqrt{(a-b)^2} = |a-b| = |b-a|$

$\therefore A = B$

12

> • $A : \dfrac{121}{11}$ • $B : \dfrac{143}{13}$

① $A > B$

② $A < B$

③ $A = B$

④ 비교할 수 없다.

✔해설 $A : \dfrac{121}{11} = 11$, $B : \dfrac{143}{13} = 11$

$\therefore A = B$

13

> • $A : 3\dfrac{2}{5}$ • $B : \dfrac{17}{5}$

① $A > B$

② $A < B$

③ $A = B$

④ 비교할 수 없다.

✔해설 $A : 3\dfrac{2}{5} = \dfrac{17}{5}$, $B : \dfrac{17}{5}$

$\therefore A = B$

14

$$\bullet \, A : \frac{38}{3} \qquad\qquad \bullet \, B : \frac{43}{4}$$

① $A > B$　　　　　　　② $A < B$

③ $A = B$　　　　　　　④ 비교할 수 없다.

> ✔ 해설　A : $\dfrac{152}{12}$
>
> B : $\dfrac{129}{12}$
>
> $\therefore A > B$

15

$$\bullet \, A : 3\frac{2}{5} \qquad\qquad \bullet \, B : 2\frac{7}{9}$$

① $A > B$　　　　　　　② $A < B$

③ $A = B$　　　　　　　④ 비교할 수 없다.

> ✔ 해설　A : $3\dfrac{2}{5} = \dfrac{17}{5} = \dfrac{153}{45}$
>
> B : $2\dfrac{7}{9} = \dfrac{25}{9} = \dfrac{125}{45}$
>
> $\therefore A > B$

Answer　11.③　12.③　13.③　14.①　15.①

16

$$270 - 224 \div (\quad) = 158$$

① 2
② 4
③ 8
④ 14
⑤ 7

> ✔ 해설 $270 - 224 \div 2 = 270 - 112 = 158$

17

$$72 \times 25 \div (\quad) = 60$$

① 25
② 30
③ 35
④ 40
⑤ 45

> ✔ 해설 $1800 \div (\ 30\ ) = 60$

18

$$57 \div (\quad) - 5 = 14$$

① 3
② 8
③ 10
④ 15
⑤ 5

> ✔ 해설 $57 \div 3 - 5 = 14$

19

$$25 \times 4 - (\quad) = 79$$

① 21 　　　　② 23

③ 25 　　　　④ 29

⑤ 33

✔해설　$100 - (\ 21\ ) = 79$

20

$$15 \times 17 \div (\quad) = 85$$

① 2 　　　　② 3

③ 4 　　　　④ 6

⑤ 7

✔해설　$15 \times 17 \div (\ 3\ ) = 85$

▎21~25▎ 다음 계산식 중 계산하여 얻어진 값이 가장 큰 것을 고르시오.

21　① 52+18+21　　　　② 43+25+32

③ 47+20+25　　　　④ 50+23+25

⑤ 53+26+20

✔해설　① 91　② 100　③ 92　④ 98　⑤ 99

22　① 26+13+19　　　　② 35+3+19

③ 16+25+19　　　　④ 27+25+13

⑤ 26+21+8

✔해설　① 58　② 57　③ 60　④ 65　⑤ 55

Answer　16.①　17.②　18.①　19.①　20.②　21.②　22.④

23 ① $92+87+120$ ② $102+110+79$

③ $110+97+90$ ④ $99+98+100$

⑤ $111+87+80$

✔ 해설 ① 299 ② 291 ③ 297 ④ 297 ⑤ 278

24 ① $325+242+175$ ② $425+263+50$

③ $175+198+380$ ④ $302+307+110$

⑤ $420+250+40$

✔ 해설 ① 742 ② 738 ③ 753 ④ 719 ⑤ 710

25 ① $121+208+301$ ② $320+409+16$

③ $91+195+164$ ④ $410+21+127$

⑤ $80+200+250$

✔ 해설 ① 630 ② 745 ③ 450 ④ 558 ⑤ 530

 다음 식을 계산하여 알맞은 답을 고르시오.

26

$$0.5 + 21 - 0.75$$

① 15.05 ② 15.5
③ 20.75 ④ 20.5
⑤ 21.5

✔ 해설 $21.5 - 0.75 = 20.75$

27

$$\frac{5}{6} + \frac{1}{3} \div \frac{1}{9}$$

① $\frac{13}{3}$ ② $\frac{23}{6}$
③ $\frac{11}{4}$ ④ $\frac{14}{5}$
⑤ $\frac{11}{9}$

✔ 해설 $\frac{5}{6} + \frac{1}{3} \div \frac{1}{9} = \frac{23}{6}$

Answer 23.① 24.③ 25.② 26.③ 27.②

28

$$630 \times 0.2 \times 10^{-1}$$

① 0.0126

② 0.126

③ 1.26

④ 12.6

⑤ 126

✔ **해설** $630 \times 0.2 \times 10^{-1} = 12.6$

29

$$(-3)^2 \times \sqrt{4} \div \frac{1}{\sqrt{9}} + 31$$

① 81

② 85

③ 87

④ 93

⑤ 95

✔ **해설** $(-3)^2 \times \sqrt{4} \div \dfrac{1}{\sqrt{9}} + 31 = 85$

30

$$\frac{4}{7} - \frac{3}{8}$$

① $\dfrac{9}{16}$

② $\dfrac{11}{12}$

③ $\dfrac{13}{24}$

④ $\dfrac{11}{56}$

⑤ $\dfrac{17}{32}$

✔ **해설** $\dfrac{4}{7} - \dfrac{3}{8} = \dfrac{32 - 21}{56} = \dfrac{11}{56}$

31 190원짜리 사탕과 220원짜리 초콜릿을 합하여 총 18개를 사고 금액을 3,800원 이하로 할 때 초콜릿은 최고 몇 개까지 살 수 있는가?

① 10개　　　　　　　　　　　　　　② 11개

③ 12개　　　　　　　　　　　　　　④ 13개

⑤ 14개

> **✔ 해설** 초콜릿의 개수를 x라 하면
> $$190(18-x)+220x \leq 3,800$$
> $$x \leq 12\frac{2}{3}$$
> ∴ 초콜릿은 최고 12개까지 살 수 있다.

32 부피가 125인 정육면체의 한 변의 길이를 A, 겉넓이를 B라고 할 때, $\dfrac{A}{B}$는 얼마인가? (단, 단위는 모두 같다고 가정한다.)

① $\dfrac{1}{10}$　　　　　　　　　　　② $\dfrac{1}{15}$

③ $\dfrac{1}{20}$　　　　　　　　　　　④ $\dfrac{1}{25}$

⑤ $\dfrac{1}{30}$

> **✔ 해설** 정육면체의 부피는 $A^3=125$이므로, A는 5이다.
> 정육면체의 겉넓이는 $6A^2$이므로, B는 150이다.
> 따라서 $\dfrac{A}{B}=\dfrac{1}{30}$이다.

33 9번의 사격을 해서 얻은 총 점수가 83.1이다. 평균 9.4를 받기 위해서는 10번째에 몇 점을 얻어야 하는가?

① 6.5

② 7

③ 8.9

④ 9.9

⑤ 10.9

> ✔ 해설 10번째 받는 점수를 x라 하면
> $(83.1+x) \div 10 = 9.4$
> $83.1+x = 94$
> $x = 94 - 83.1 = 10.9$

34 연속한 세 자연수의 합이 27일 때, 세 수의 곱은?

① 720

② 740

③ 760

④ 780

⑤ 810

> ✔ 해설 연속된 세 정수를 $x-1$, x, $x+1$라고 하면 $3x=27$이므로 $x=9$
> 따라서 연속된 세 정수의 곱은 $8 \times 9 \times 10 = 720$

35 두 개의 주사위를 동시에 던질 때 나오는 두 수의 합이 4보다 작거나 같을 확률은?

① $\dfrac{1}{6}$

② $\dfrac{1}{5}$

③ $\dfrac{1}{4}$

④ $\dfrac{1}{3}$

⑤ $\dfrac{1}{2}$

> ✔ 해설 두 개의 주사위를 각각 a, b라고 할 때 합이 4보다 작거나 같을 확률은 다음과 같다.
>
> ㉠ $a+b=2$일 확률 : $\dfrac{1}{6} \times \dfrac{1}{6} = \dfrac{1}{36}$
>
> ㉡ $a+b=3$일 확률
>
> • $a=1$, $b=2$ • $a=2$, $b=1 = \dfrac{2}{36}$
>
> ㉢ $a+b=4$일 확률
>
> • $a=1$, $b=3$ • $a=2$, $b=2$ • $a=3$, $b=1 = \dfrac{3}{36}$
>
> ∴ $\dfrac{1+2+3}{36} = \dfrac{6}{36} = \dfrac{1}{6}$

36 연속한 세 자연수 중, 가운데 숫자에 5를 곱한 후에 세 수를 합해보니 49가 나왔다. 연속한 세 숫자 중 가장 작은 수는 얼마인가?

① 6

② 7

③ 9

④ 8

⑤ 10

✔ 해설 연속한 제 자연수를 $a-1$, a, $a+1$ 이라고 할 때,
$a-1+5a+a+1 = 7a = 49$이므로 $a = 7$이다.
연속하는 세 숫자 $a-1$, a, $a+1$ 중 가장 작은 숫자는 $7-1 = 6$

37 357m의 길 양측에 같은 간격으로 나무를 심으려 한다. 7m 간격으로 심을 때 나무는 몇 그루가 필요한가?

① 51그루

② 52그루

③ 102그루

④ 103그루

⑤ 104그루

✔ 해설 357m에 7m 간격으로 심으면
$357 \div 7 = 51$
처음에 1개를 심어야 하므로 $51 + 1 = 52$
양쪽에 심어야 하므로
$52 \times 2 = 104$(그루)

38 세 사람의 나이를 모두 곱하면 2450이고 모두 더하면 46이다. 최고령자의 나이는?

① 21

② 25

③ 28

④ 35

⑤ 45

✔ 해설 $xyz = 2450 = 2 \times 5^2 \times 7^2$에서, 세 사람의 나이로 가능한 숫자는 2, 5, 7, 10, 14, 25, 35이다. 이 중 세 수의 합이 46인 조합은 (7, 14, 25)만 가능하고, 이 때 최고령자의 나이는 25세이다.

39 어느 마을에서 가족이 3명인 세대수는 전체의 $\frac{1}{5}$, 가족이 4명인 세대수는 $\frac{1}{7}$이다. 다음 중 전체 세대수로 가능한 값은?

① 42

② 50

③ 60

④ 70

⑤ 80

> **✔ 해설** 전체 세대수를 x라 할 때 $\frac{1}{5}x$와 $\frac{1}{7}x$ 모두 자연수여야 한다. 5와 7의 최소공배수는 35이므로, x는 35의 배수여야 한다. 이를 만족하는 것은 ④이다.

40 세 가지 육류가 들어가는 어느 요리에 3인분당 돼지고기 100g, 4인분당 닭고기 100g, 6인분당 소고기 100g이 쓰인다. 세 가지 육류 3600g을 남김없이 사용하여 그 요리를 만들었다면, 몇 인분인가?

① 24

② 36

③ 48

④ 52

⑤ 62

> **✔ 해설** 요리에 대해 몇 인분을 만들었는지는 동시에 적용된다. 총 x인분의 요리를 만들었다고 할 때, 각각의 재료에 대하여 1인분 당 고기량과 인분수의 곱을 합한 값이 사용한 총 육류량이 된다.
> $$\frac{100}{3}x + \frac{100}{4}x + \frac{100}{6}x = 3600$$
> $$\therefore\ x = 3600 \times \frac{12}{900} = 48\,(\text{인분})$$

41 유리구슬 제조 공장에서 기존제품보다 지름이 2배인 구슬을 만들어 달라는 주문을, 부피가 2배인 제품을 만들어 달라는 주문으로 잘못 받아들여 유리 100kg만을 준비하였다. 유리 몇 kg을 더 준비하여야 하는가?

① 100kg
② $100\sqrt{2} - 100$kg

③ 300kg
④ $100\sqrt[3]{2} - 100$kg

⑤ 400kg

> **✅ 해설** 기존제품의 반지름을 r이라고 하면, $V = \dfrac{4}{3}\pi r^3$
>
> 부피가 두 배인 것으로 착각하였으므로, $2V = \dfrac{8}{3}\pi r^3 = 100\,(\text{kg})$
>
> 지름이 두 배인 유리구슬의 부피는
>
> $V' = \dfrac{4}{3}\pi (2r)^3 = \dfrac{32}{3}\pi r^3 = 4 \times \left(\dfrac{8}{3}\pi r^3\right) = 4 \times 100 = 400\,(\text{kg})$
>
> 이미 100kg을 준비하였으므로, 300kg이 더 필요하다.

42 두 집합 $A = \{a,\ b,\ c,\ d,\ e\}$, $B = \{a,\ d\}$에 대하여 $X \subset A$와 $B \cup X = \{a,\ b,\ d\}$를 동시에 만족하는 집합 X의 개수는?

① 3개
② 4개

③ 5개
④ 6개

⑤ 7개

> **✅ 해설** $B \cup X = \{a,\ b,\ d\}$이므로, X는 b를 포함해야 한다. 또한 A의 부분집합이면서 c와 e를 포함하지 않아야 한다.
> $\{b\} \subset X \subset \{a,\ b,\ d\}$
> 집합 X의 원소의 개수는 $\{a,\ b,\ d\}$에서 b를 제외하고 $2^2 = 4$개가 된다.

43 220쪽의 과학만화가 너무 재미있어서 시험기간 5일 동안 하루도 빠지지 않고 매일 20장씩 읽었다. 시험이 끝나면 나머지를 모두 읽으려고 한다. 시험이 끝나면 모두 몇 쪽을 읽어야 하나?

① 100쪽　　　　　　　　　　　　　② 105쪽

③ 110쪽　　　　　　　　　　　　　④ 115쪽

⑤ 120쪽

> ✔ **해설**　전체페이지에서 5일 동안 읽은 페이지를 뺀 나머지를 구한다.
> $220 - (5 \times 20) = 120$

44 상자 속에 검사하지 않은 제품 30개가 있다. 이 상자에서 2개의 제품을 임의로 선택하여 한 개씩 검사할 때, 두 개 모두 합격품이면 30개 모두 합격품인 것으로 인정한다. 30개의 제품 중 불량품이 6개 들어 있을 때, 이들 30개의 제품이 합격품으로 인정받을 확률은?

① $\dfrac{83}{135}$　　　　　　　　　　　② $\dfrac{91}{135}$

③ $\dfrac{87}{145}$　　　　　　　　　　　④ $\dfrac{82}{145}$

⑤ $\dfrac{92}{145}$

> ✔ **해설**　• 30개의 제품이 합격품으로 인정받으려면 24개의 합격품 중 2개를 뽑아야 한다.
>
> • 상자에서 처음 꺼낸 제품이 합격품이 나올 확률은 $\dfrac{24}{30} = \dfrac{4}{5}$, 두 번째 제품이 합격품일 확률은 $\dfrac{23}{29}$이다.
>
> $\therefore \dfrac{4}{5} \times \dfrac{23}{29} = \dfrac{92}{145}$

45 40%의 소금물 300g을 가열하여, 50g의 물을 증발시키면 몇 %의 소금물이 되는가?

① 40%　　　　　　　　　　　　　② 42%

③ 44%　　　　　　　　　　　　　④ 46%

⑤ 48%

> ✔ **해설**　40% 소금물 300g에 들어 있는 소금의 양은 $300 \times 0.4 = 120(g)$이고,
> 물의 양은 $300 - 120 = 180(g)$이다.
> 물이 50g 증발했으므로 $180 - 50 = 130(g)$이므로
> 소금물의 농도는 $\dfrac{120}{130 + 120} \times 100 = \dfrac{120}{250} \times 100 = 48(\%)$이다.

46 가로의 길이가 세로의 길이보다 4cm 더 긴 직사각형이 있다. 이 직사각형의 둘레가 28cm일 때 세로의 길이는?

① 4cm

② 5cm

③ 6cm

④ 7cm

⑤ 8cm

> **✔ 해설** 직사각형의 둘레는 가로의 길이 × 2 + 세로의 길이 × 2이다.
> 세로의 길이를 x라고 가정할 때 가로의 길이는 $x+4$이고, 둘레는 $2\times(x+4)+(2\times x)$이므로 $4x+8=28$, 따라서 x는 5이다.

47 연봉 인상률이 급여액의 10%인 회사의 사원이 초봉 2,200만 원을 받을 경우 2년 후에 낼 세금은?(단, 세금은 연봉의 10%)

① 242만 원

② 260만 원

③ 266만 2천 원

④ 268만 원

⑤ 270만 5천 원

> **✔ 해설** 매년 연봉액
> ㉠ 1년 후 : $2,200 + (2,200 \times 0.1) = 2,420$(만 원)
> ㉡ 2년 후 : $2,420 + (2,420 \times 0.1) = 2,662$(만 원)
> 세금은 연봉의 10%이므로 $2,662 \times 0.1 = 266.2$(만 원)

48 원가가 150원의 상품을 200개 사들이고 4할 이익이 남게 정가를 정하여 판매하였지만 그 중 50개가 남았다. 팔다 남은 상품을 정가의 2할 할인으로 전부 팔았다면 이익의 총액은 얼마인가?

① 9,900원   ② 10,000원

③ 11,000원   ④ 11,200원

⑤ 13,000원

> **✔ 해설** 판매가의 이익은 $150 \times 0.4 = 60$이고, 150개 판매했으므로
> $60 \times 150 = 9,000$(원)이다.
> 판매가에서 2할 할인가격은 $150(1+0.4)(1-0.2) = 168$(원)
> 원가와의 차익은 $168 - 150 = 18$(원)
> 나머지 판매에서 얻은 이익은 $18 \times 50 = 900$(원)
> $\therefore$ 총 이익은 $9,000 + 900 = 9,900$(원)

49 민수의 제 작년 나이의 $\dfrac{1}{4}$ 과 내년 나이의 $\dfrac{1}{5}$ 이 같을 때 민수의 올해 나이는?

① 10세   ② 12세

③ 14세   ④ 16세

⑤ 18세

> **✔ 해설** 민수의 올해 나이를 x라 하면
> $$\frac{1}{4}(x-2) = \frac{1}{5}(x+1)$$
> $$5(x-2) = 4(x+1)$$
> $$5x-10 = 4x+4 \quad \therefore \ x = 14(\text{세})$$

50 50원 우표와 80원 우표를 합쳐서 27장 구입했다. 80원 우표의 비용이 50원 우표의 비용의 2배일 때 각각 몇 장씩 구입하였는가?

① 50원 우표 15개, 80원 우표 19개

② 50원 우표 11개, 80원 우표 16개

③ 50원 우표 10개, 80원 우표 17개

④ 50원 우표 9개, 80원 우표 18개

⑤ 50원 우표 12개, 80원 우표 15개

✔ **해설** 50원 우표를 x개, 80원 우표를 y개라 할 때,

$x + y = 27 \cdots ㉠$

$(50x) \times 2 = 80y \cdots ㉡$

㉠에서 $y = 27 - x$를 ㉡에 대입하면

$100x = 80(27 - x)$

$180x = 2160$

$x = 12, \ y = 15$

자료해석

1 다음은 우리나라 연도별 성별 월급여액과 국제간 남녀 임금격차 비교표이다. 〈보기〉에서 다음 표에 관해 옳게 해석한 것을 모두 고르면?

〈표 1〉 성별 월급여액

(단위 : 천 원)

구분	2019	2020	2021	2022	2023	2024	2025
여성 월급여액	1,015	1,112	1,207	1,286	1,396	1,497	1,582
남성 월급여액	1,559	1,716	1,850	1,958	2,109	2,249	2,381

※ 남성 대비 여성 임금 비율 $= \dfrac{\text{여성 월급여액}}{\text{남성 월급여액}} \times 100$

〈표 2〉 국제간 남성 대비 여성 임금 비율 비교

(단위 : %)

연도	프랑스	독일	일본	한국	영국	미국	OECD 평균
2014	90	76	63	58	74	76	78
2024	88	77	67	62	79	81	82

〈보기〉

㉠ 2024년 우리나라의 남녀 임금격차는 최고 수준이며, OECD 국가 평균의 2배 이상이다.

㉡ 남성 근로자의 임금 대비 여성 근로자의 임금 수준은 2019년에 비해 2025년 1.3% 정도로 소폭 상승하였다.

㉢ 국제간 남녀 임금격차가 가장 적은 나라는 프랑스이다.

㉣ OECD 국가들은 남녀 임금격차가 줄어드는 추세이다.

---

① ㉠

② ㉠, ㉡

③ ㉠, ㉡, ㉢

④ ㉡, ㉢, ㉣

⑤ ㉠, ㉡, ㉢, ㉣

 **해설** ㉠ 2024년의 남녀 임금격차가 66.6%로 최고 수준이었으나, OECD 국가 평균의 2배 이상은 아니다.
　　㉡ 우리나라의 남성 근로자의 임금 대비 여성 근로자의 임금 수준은 다음과 같다.

구분	2019	2020	2021	2022	2023	2024	2025
남성 대비 여성 임금 비율	65.1%	64.8%	65.2%	65.7%	66.2%	66.6%	66.4%

　　2019년에 비해 2025년에는 1.3% 정도로 소폭 상승하였다.
　　㉢ 남녀 임금격차가 적다는 것은 남녀의 임금격차가 거의 없어 100%가 되어야 한다는 뜻이다. 프랑스는 OECD 국가 중에서 남녀 임금격차가 가장 적다.
　　㉣ OECD 평균이 78%에서 82%로 100%에 가까워졌으므로 남녀 임금격차가 줄어들고 있다고 볼 수 있다.

2 다음 표는 A, B, C, D 도시의 인구 및 총 인구에 대한 여성의 비율과 그 여성 중 독신자의 비율을 나타낸 것이다. 올해 A 도시의 여성 독신자의 7%가 결혼을 하였다면 올해 결혼한 독신여성은 모두 몇 명인가?

구분	A 도시	B 도시	C 도시	D 도시
인구(만 명)	25	39	43	52
여성 비율(%)	42	53	47	57
여성 독신자 비율(%)	42	31	28	32

① 3,087명
② 4,210명
③ 5,658명
④ 6,407명
⑤ 7,350명

해설 A 도시의 여성 수는 $250,000 \times \dfrac{42}{100} = 105,000$명

A 도시의 여성 독신자 수는 $105,000 \times \dfrac{42}{100} = 44,100$명

A 도시의 여성 독신자 중 7%에 해당하는 수는 $44,100 \times \dfrac{7}{100} = 3,087$명

Answer 1.④ 2.①

3 다음은 조선시대 한양의 조사시기별 가구수 및 인구수와 가구 구성비에 대한 자료이다. 이에 대한 설명 중 옳은 것만을 모두 고르면?

〈조사시기별 가구수 및 인구수〉

(단위 : 호, 명)

조사시기	가구수	인구수
1729년	1,480	11,790
1765년	7,210	57,330
1804년	8,670	68,930
1867년	27,360	144,140

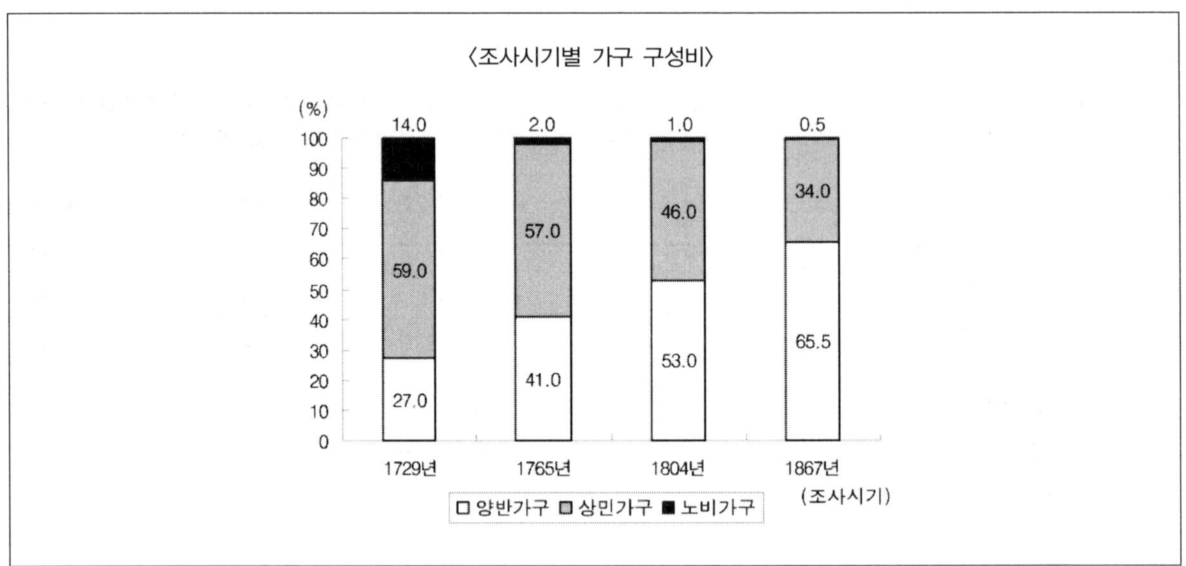

　㉠ 1804년 대비 1867년의 가구당 인구수는 증가하였다.
　㉡ 1765년 상민가구 수는 1804년 양반가구 수보다 적다.
　㉢ 노비가구 수는 1804년이 1765년보다는 적고 1867년보다는 많다.
　㉣ 1729년 대비 1765년에 상민가구 구성비는 감소하였고 상민가구 수는 증가하였다.

① ㉠, ㉡
② ㉠, ㉢
③ ㉡, ㉣
④ ㉠, ㉢, ㉣
⑤ ㉡, ㉢, ㉣

 ㉠ 1804년 가구당 인구수는 $\frac{68,930}{8,670}$ = 약 7.95이고, 1867년 가구당 인구수는 $\frac{144,140}{27,360}$ = 약 5.26이므로 1804년 대비 1867년의 가구당 인구수는 감소하였다.

㉡ 1765년 상민가구 수는 $7,210 \times 0.57 = 4109.7$이고, 1804년 양반가구 수는 $8,670 \times 0.53 = 4595.1$로, 1765년 상민가구 수는 1804년 양반가구 수보다 적다.

㉢ 1804년의 노비가구 수는 $8,670 \times 0.01 = 86.7$로 1765년의 노비가구 수인 $7,210 \times 0.02 = 144.2$보다 적고, 1867년의 노비가구 수인 $27,360 \times 0.005 = 136.8$보다도 적다.

㉣ 1729년 대비 1765년에 상민가구 구성비는 59.0%에서 57.0%로 감소하였고, 상민가구 수는 $1,480 \times 0.59 = 873.2$에서 $7,210 \times 0.57 = 4109.7$로 증가하였다.

4 다음은 영화관 2곳의 매출실적에 관한 표이다. 이에 대한 설명으로 옳은 것은?

구분	평균				품목별 총점
	A지점		B지점		
	남사원 20명	여사원 10명	남사원 15명	여사원 15명	
영화관람권	60	65	㉠	60	3,650
스낵바	㉡	55	50	60	3,200
팝콘팩토리	50	50	60	50	3,150

① ㉠은 ㉡보다 크다.

② A지점 남사원의 스낵바 평균 실적은 B지점 남사원의 스낵바 평균 실적보다 낮다.

③ 영화관람권은 B지점 사원 평균이 A지점 사원의 평균보다 높다.

④ 전체 남사원의 팝콘팩토리 매출 실적 평균은 전체 여사원의 팝콘팩토리 매출 실적 평균보다 낮다.

⑤ 3개 제품의 전체 평균의 경우 A지점 여사원 평균이 A지점 남사원 평균보다 낮다.

 ㉠을 구하면
$20 \times 60 + 10 \times 65 + 15 \times ㉠ + 15 \times 60 = 3,650$
∴ ㉠ = 60
㉡을 구하면 $㉡ \times 20 + 10 \times 55 + 15 \times 50 + 15 \times 60 = 3,200$
∴ ㉡ = 50

② A지점 남사원의 스낵바 평균 실적은, B지점 남사원의 스낵바 평균 실적은 동일하다.

③ 영화관람권은 B지점 사원 평균이 60점, A지점 사원의 평균이 62.5점이므로 A지점이 더 높다.

④ 전체 남사원의 팝콘팩토리 매출 실적 평균은 55점, 전체 여사원의 팝콘팩토리 매출 실적 평균은 50점이므로 전체 남사원의 매출 실적 평균이 더 높다.

⑤ 3개 제품의 전체 평균의 경우 A지점 여사원 평균이 56.7점, A지점 남사원 평균이 53.3점이므로 남사원 평균이 더 낮다.

Answer 3.③ 4.①

5 다음 표는 A, B 두 회사 전체 신입사원의 성별 교육연수 분포에 관한 자료이다. 이에 대해 신입사원 초임결정공식을 적용하였을 때, 교육연수가 14년인 남자 신입사원과 여자 신입사원의 초임 차이는 각각 얼마인가?

회사별 성별 전체 신입사원의 교육연수 분포

구분		12년(고졸)	14년(초대졸)	16년(대졸)	18년(대학원졸)
A사	남	30%	20%	40%	10%
	여	40%	20%	30%	10%
B사	남	40%	10%	30%	20%
	여	50%	30%	10%	10%

신입사원 초임결정공식

- A사
- 남성 : 초임(만 원)＝1,000만 원＋(180만 원×교육연수)
- 여성 : 초임(만 원)＝1,840만 원＋(120만 원×교육연수)
- B사
- 남성 : 초임(만 원)＝750만 원＋(220만 원×교육연수)
- 여성 : 초임(만 원)＝2,200만 원＋(120만 원×교육연수)

	<u>A사</u>	<u>B사</u>
①	0원	40만 원
②	0원	50만 원
③	40만 원	50만 원
④	50만 원	40만 원
⑤	60만 원	60만 원

✔ **해설** 교육연수가 14년인 경우를 계산해 보면

- A사
- 남성＝1,000＋(180×14)＝3,520만 원
- 여성＝1,840＋(120×14)＝3,520만 원
- B사
- 남성＝750＋(220×14)＝3,830만 원
- 여성＝2,200＋(120×14)＝3,880만 원

6 다음 그림에 대한 옳은 분식을 〈보기〉에서 모두 고른 것은?

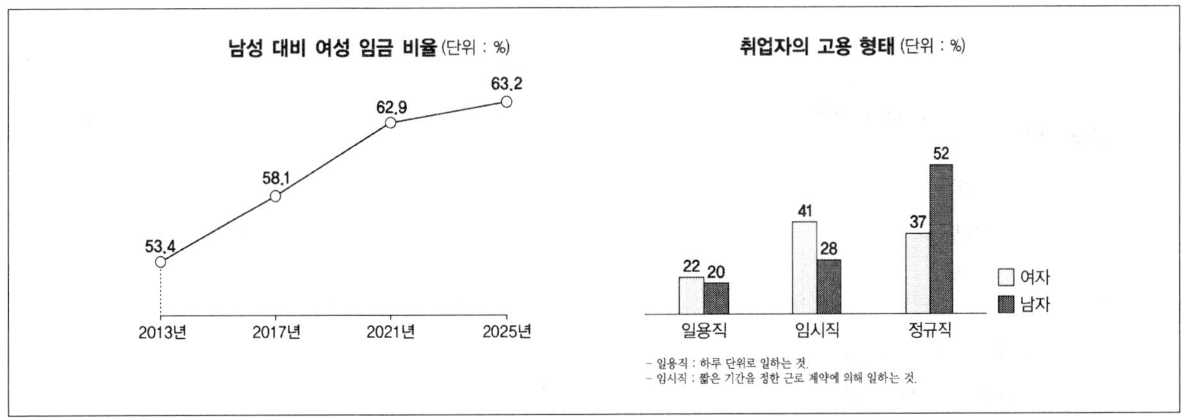

<보기>

㉠ 남성 취업자는 정규직의 비율이 가장 높다.

㉡ 남녀 간 임금 수준의 불평등이 완화되고 있다.

㉢ 고용 형태에서 남성의 지위가 여성보다 불안하다.

㉣ 경제 활동에 참여하는 여성들이 점차 줄어들고 있다.

① ㉠, ㉡　　　　　　　　　　　② ㉠, ㉢

③ ㉡, ㉢　　　　　　　　　　　④ ㉡, ㉣

⑤ ㉢, ㉣

✔ 해설　㉢ 일용직이나 임시직에서 여자의 비율이 높고, 정규직에서 남자의 비율이 높은 것으로 보아 고용 형태에서
여성의 지위가 남성보다 불안하다.
㉣ 제시된 자료로는 알 수 없다.

7 다음은 흡연 여부에 따른 폐암 발생 현황을 나타낸 것이다. 옳지 않은 것을 모두 고른 것은?

〈흡연 여부에 따른 폐암 발생 현황〉

(단위 : 명)

흡연 여부 ＼ 폐암 발생 여부	발생	비발생	계
흡연	300	700	1,000
비흡연	300	9,700	10,000
계	600	10,400	11,000

⊙ 흡연 시 폐암 발생률은 30%이다.
ⓒ 비흡연 시 폐암 발생량은 0.3%이다.
ⓒ 흡연 여부와 상관없이 폐암 발생률은 10%이다.

① ㉠

② ㉡

③ ㉠, ㉡

④ ㉡, ㉢

⑤ 모두 옳다.

 ㉡ 비흡연 시 폐암 발생량은 $\dfrac{300}{10,000} \times 100 = 3\,(\%)$이다.

㉢ 흡연 여부와 상관없이 폐암 발생률은 $\dfrac{600}{11,000} \times 100 ≒ 5.45\,(\%)$이다.

8 다음은 갑국에서 실시한 취약 계층의 스마트폰 이용 현황과 주된 비(非)이용 이유에 대한 설문 조사 결과이다. 이에 대한 옳은 분석을 〈보기〉에서 고른 것은?

(단위 : %)

구분	전체 국민 대비 수준*	스마트폰을 이용하지 않는 주된 이유				
		스마트폰으로 무엇을 할 수 있는지 모름	구입비 및 이용비 부담	이용 필요성 부재	사용 방법의 어려움	기타
장애인	10.3	33.1	31.5	14.4	13.4	7.6
장노년층	6.4	40.1	26.3	16.5	12.4	4.7
저소득층	12.2	28.7	47.6	11.0	9.3	3.4
농어민	6.4	39.6	26.3	14.7	13.9	5.5

$$* \ 전체국민대비수준 = \frac{취약 \ 계층의 \ 스마트폰 \ 이용률}{전체 \ 국민의 \ 스마트폰 \ 이용률} \times 100$$

〈보기〉

㉠ 응답자 중 장노년층과 농어민의 스마트폰 이용자 수는 동일하다.
㉡ 응답자 중 각 취약 계층별 스마트폰 이용률이 상대적으로 가장 높은 취약 계층은 저소득층이다.
㉢ 전체 취약 계층의 스마트폰 이용 활성화를 위한 대책으로는 경제적 지원이 가장 효과적일 것이다.
㉣ 스마트폰을 이용하지 않는다고 응답한 장노년층 중 스마트폰으로 무엇을 할 수 있는지 모르거나 사용 방법이 어려워서 이용하지 않는다고 응답한 사람의 합은 과반수이다.

---

① ㉠, ㉡　　　　　　　　　　② ㉠, ㉢
③ ㉡, ㉢　　　　　　　　　　④ ㉡, ㉣
⑤ ㉢, ㉣

✔해설　㉠ 설문 조사에 참여한 장노년층과 농어민의 수가 제시되어 있지 않으므로 이용자 수는 알 수 없다.
　　　　㉢ 스마트폰 이용 활성화를 위한 대책으로 경제적 지원이 가장 효과적인 취약 계층은 저소득층이다.

▌9~10▐ 다음은 국민연금 부담에 대한 인식을 취업자와 실업 및 미취업자로 나타낸 그래프이다. 그래프를 보고 물음에 답하시오.

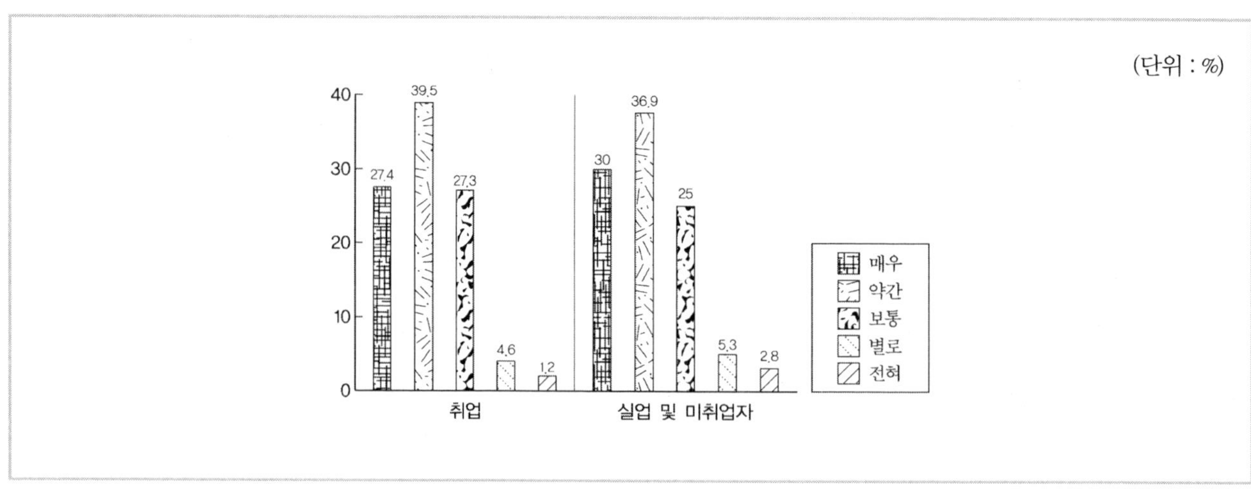

9 취업자 가운데 국민연금이 부담된다는 사람은 몇 %인가?

① 66.9% ② 67.8%

③ 72.3% ④ 75.3%

⑤ 78.0%

✔해설 $27.4+39.5=66.9$

10 국민연금이 부담되지 않는다는 사람은 취업자와 실업자에서 각각 몇 %를 차지하는가?

① 5.8%, 8.1% ② 5.9%, 8.0%

③ 4.6%, 5.3% ④ 5.3%, 2.8%

⑤ 5.5%, 3.0%

✔해설 취업자 : $4.6+1.2=5.8(\%)$
실업자 : $5.3+2.8=8.1(\%)$

11 다음은 우리나라의 농경지의 면적과 전체 논의 면적에 대한 수리답의 비율(수리답률)을 나타낸 자료이다. 다음 자료를 올바르게 해석한 것은?

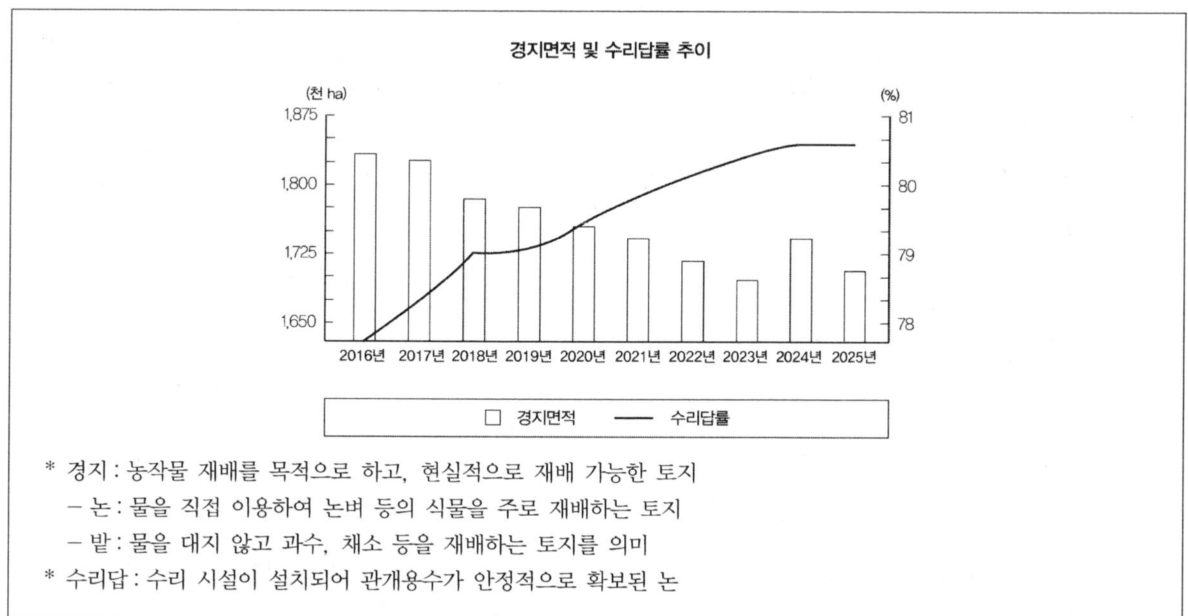

* 경지 : 농작물 재배를 목적으로 하고, 현실적으로 재배 가능한 토지

　－ 논 : 물을 직접 이용하여 논벼 등의 식물을 주로 재배하는 토지

　－ 밭 : 물을 대지 않고 과수, 채소 등을 재배하는 토지를 의미

* 수리답 : 수리 시설이 설치되어 관개용수가 안정적으로 확보된 논

① 2018년 우리나라의 논에는 수리답이 거의 없었다.

② 2016년 이후 2022년까지 경지면적은 매년 감소하였다.

③ 2016년에 비해 2024년은 수리답의 비율이 증가하였으나, 전체 경지의 면적은 절반 가까이 감소하였다.

④ 시간이 지날수록 대체로 논벼의 재배를 위한 관개용수의 공급이 원활해졌다.

⑤ 경지면적은 해가 지날수록 감소하였다.

해설 ① 2018년 수리답률은 약 79%이다.
　③ 전체 경지의 면적은 1,825,000ha에서 1,725,000ha로 감소하였다.
　④ 주어진 자료로는 알 수 없다.
　⑤ 2024년에는 경지면적이 2023년에 비해 증가하였다.

(단위 : %)

구분	1~12개월(출고 시기별)	13~24개월(출고 시기별)	고객 평균
안전성	41	48	45
A/S의 신속성	19	17	18
정숙성	2	1	1
연비	15	11	13
색상	11	10	10
주행 편의성	11	9	10
차량 옵션	1	4	3
계	100	100	100

12 출고시기에 관계없이 전체 조사 대상 중에서 1,350명이 안전성을 장점으로 선택했다면 이번 설문에 응한 고객은 모두 몇 명인가?

① 2,000명　　　　　　　　② 2,500명
③ 3,000명　　　　　　　　④ 3,500명
⑤ 4,000명

✔ 해설　$45 : 1,350 = 100 : x$
　　　　$45x = 135,000$
　　　　$\therefore \ x = 3,000$

13 차를 출고 받은 지 12개월 이하 된 고객 중에서 30명이 연비를 선택했다면 정숙성을 선택한 고객은 몇 명인가?

① 2명　　　　　　　　② 3명
③ 4명　　　　　　　　④ 5명
⑤ 6명

✔ 해설　$30 : 15 = x : 2$
　　　　$15x = 60$
　　　　$\therefore \ x = 4$

14 다음은 우리나라 도시가구 연평균 지출 구성비 일부를 나타낸 것이다. 이에 대한 분석 중 적절하지 않은 것은?

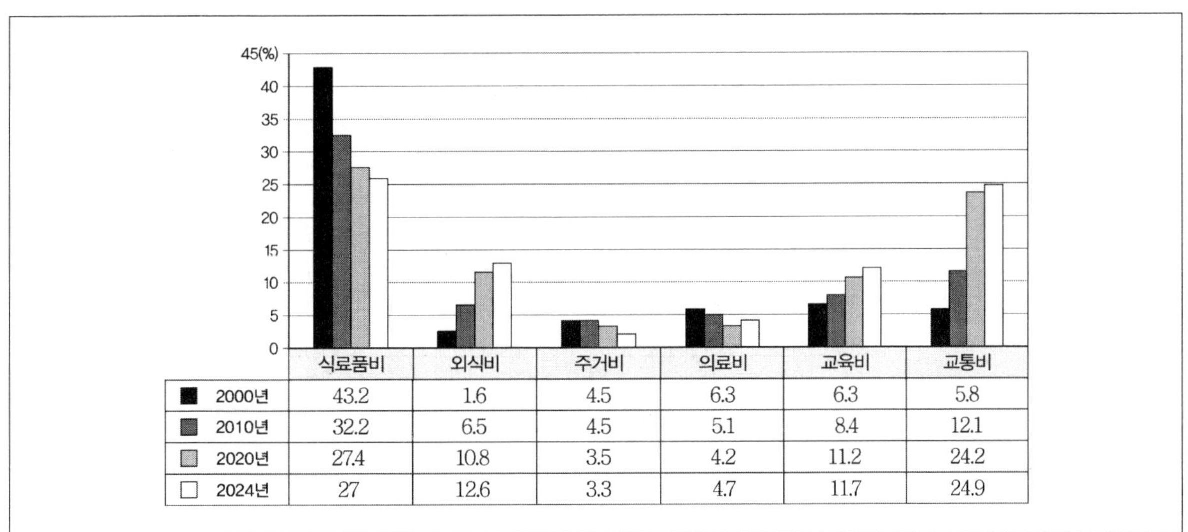

		식료품비	외식비	주거비	의료비	교육비	교통비
■	2000년	43.2	1.6	4.5	6.3	6.3	5.8
■	2010년	32.2	6.5	4.5	5.1	8.4	12.1
▨	2020년	27.4	10.8	3.5	4.2	11.2	24.2
□	2024년	27	12.6	3.3	4.7	11.7	24.9

① 2024년에는 2020년보다 주거비의 구성비가 감소하였다.

② 2024년의 교육비의 구성비는 2010년보다 3.3%p 증가하였다.

③ 2020년에는 20년 전보다 식료품비와 의료비의 구성비가 감소하였다.

④ 2000년부터 2010년까지 외식비의 구성비가 증가하였기 때문에 주거비의 구성비는 감소하였다.

⑤ 2000년에 비해 2024년 지출 구성비가 가장 큰 %P 증가한 영역은 교통비이다.

✔**해설** ④ 주거비는 2000년과 2010년이 4.5%로 동일하다.

15 다음은 각국 국민의 대미 인식에 대한 여론조사자료이다. 이 여론조사들이 각국 국민의 의견을 충분히 대표한다고 가정할 때 올바른 해석이 아닌 것은?

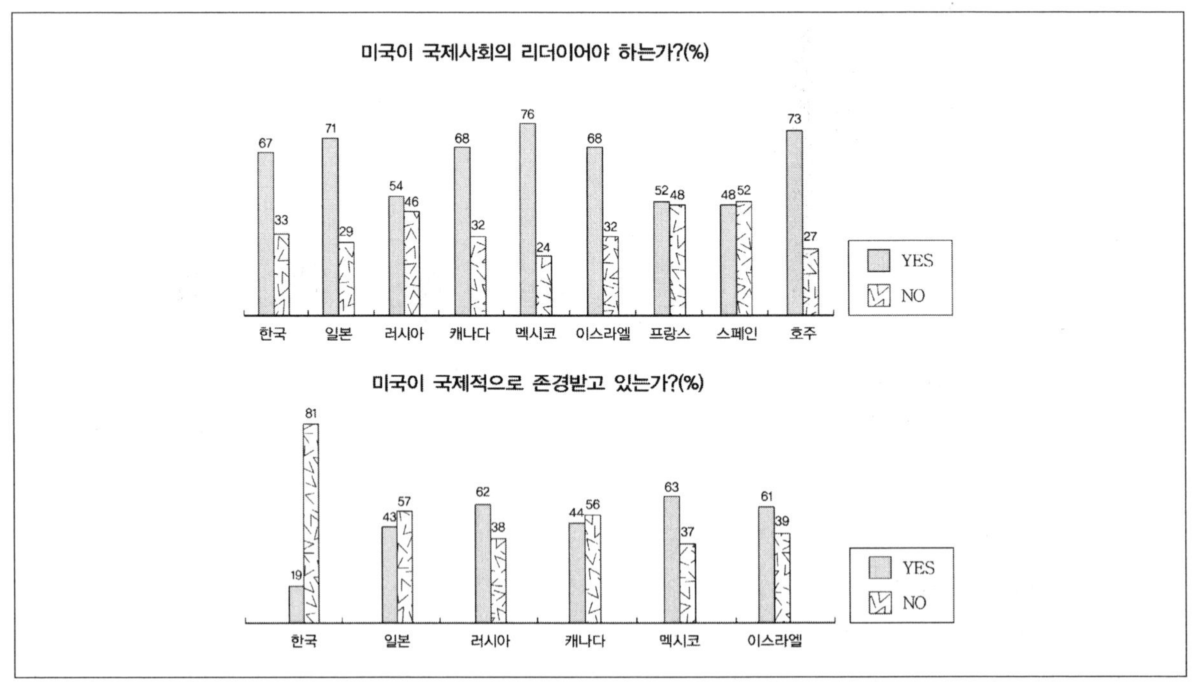

㉠ 미국의 국제 사회의 리더역할의 필요성에 대하여 러시아, 프랑스, 스페인 국민들은 상대적으로 인색하고, 미국과 지리적으로 가까운 멕시코와 캐나다, 전통적인 우방국인 한국, 호주, 이스라엘, 일본 국민들은 상대적으로 높게 평가하고 있다.

㉡ 미국의 국제사회의 리더역할에 대한 당위성은 국민 과반수가 긍정하지만, 실제로 존경받고 있는가에 대한 평가에서는 과반수가 부정하는 국가는 한국, 일본, 캐나다이다.

㉢ 모든 조사 대상 국가에서 미국이 국제사회의 리더이어야 한다는 질문에 긍정 응답이 부정 응답보다 많았다.

㉣ 모든 조사 대상 국가에서 국제사회의 리더로서 미국의 필요성에 대한 긍정보다 실제 미국이 국제사회에서 존경받고 있는가에 대한 긍정 정도가 낮게 나타나고 있다.

① ㉠, ㉡   ② ㉠, ㉡, ㉢

③ ㉡, ㉢, ㉣   ④ ㉢, ㉣

⑤ ㉠, ㉢, ㉣

✔ 해설 ㉢ 스페인은 부정 응답이 더 많았다.
㉣ 러시아는 미국이 국제사회에서 존경받고 있는가에 대한 긍정 정도가 높게 나타나고 있다.

16 다음 표는 B 중학교 학생 200명의 통학수단을 조사한 것이다. 이 학교 학생 중 지하철로 통학하는 남학생의 비율은?

(단위 : 명)

통학수단	버스	지하철	자전거	도보	합계
여학생	44	17	3	26	90
남학생	45	22	17	26	110
합계	89	39	20	52	200

① 11%   ② 16%

③ 20%   ④ 22%

⑤ 31%

✔ **해설** $\dfrac{22}{200} \times 100 = 11\,(\%)$

(단위 : 만 톤)

순위	수출국	수출량	수입국	수입량
1	미국	3,102	중국	1,819
2	브라질	1,989	네덜란드	544
3	아르헨티나	871	일본	517
4	파라과이	173	독일	452
5	네덜란드	156	멕시코	418
6	캐나다	87	스페인	310
7	중국	27	대만	169
8	인도	24	벨기에	152
9	우루과이	18	한국	151
10	볼리비아	12	이탈리아	144

17 이 자료에 대한 설명으로 옳지 않은 것은?

① 이탈리아 수입량은 볼리비아 수출량의 12배이다.

② 수출량과 수입량 모두 상위 10위에 들어있는 국가는 네덜란드 뿐이다.

③ 캐나다의 콩 수출량은 중국, 인도, 우루과이, 볼리비아 수출량을 합친 것보다 많다.

④ 수출국 1위와 10위의 수출량은 약 250배 이상 차이난다.

⑤ 파라과이 수출량은 브라질 수출량의 10%도 되지 않는다.

✔ 해설 ② 수출량과 수입량 모두 상위 10위에 들어있는 국가는 네덜란드와 중국이다.

18 네덜란드와 중국의 '수입량-수출량'은 각각 얼마인가?

	네덜란드	중국
①	378	1,692
②	378	1,792
③	388	1,692
④	388	1,792
⑤	398	1,892

> **✔해설** 네덜란드 544-156=388(만 톤)
> 중국 1,819-27=1,792(만 톤)

19 다음은 20××년 1월부터 6월까지의 연령별 취업자 수를 나타낸 표이다. 다음 설명 중 옳지 않은 것은?

(단위 : 천명)

나이	6월	5월	4월	3월	2월	1월
15~19세	129	150	194	205	188	176
20~29세	3,524	3,520	3,663	3,751	3,765	3,819
30~39세	5,362	5,407	5,501	5,518	5,551	5,533
40~49세	6,312	6,376	6,426	6,455	6,483	6,484
50~59세	6,296	6,308	6,358	6,373	6,463	6,497
60세 이상	4,939	4,848	4,696	4,497	4,705	5,006

① 15~19세 연령대는 5월에 비해 6월 취업자 수가 줄었다.

② 50~59세 연령대는 1월부터 6월까지 취업자 수가 지속적으로 감소하고 있다.

③ 6월의 취업자 수는 40~49세에 연령대가 20~29세 연령대보다 2배 이상 많다.

④ 60세 이상 연령대는 4월부터 취업자 수가 계속 증가하고 있다.

⑤ 4월의 취업자 수는 50~59세 연령대가 40~49세 연령대보다 작다.

> **✔해설** ③ 6,312÷3,524≒1.76으로 2배가 안 된다.

❚20~21❚ 연휴였던 지난 2월 셋째 주간(16 ~ 22일) 전국 시도별 미세먼지 농도에 대해 민간 기상업체 케이웨더와 Air korea가 발표한 분석표이다. 다음 물음에 답하시오.

일자 지역	2/16	2/17	2/18	2/19	2/20	2/21	2/22	평균
서울	41	65	62	62	51	24	242	78
부산	54	64	59	41	26	26	37	44
대구	42	56	57	48	35	31	60	47
인천	46	68	58	48	56	34	274	83
광주	22	81	53	41	36	15	113	52
대전	18	71	63	54	48	20	108	55
울산	51	53	58	42	26	31	33	42
경기	42	70	64	64	58	31	226	79
강원	48	50	56	55	50	43	77	54
충북	26	73	69	60	53	27	126	62
충남	25	73	49	41	48	25	192	65
전북	29	83	63	49	53	24	143	63
전남	35	73	49	37	34	15	66	44
경북	39	51	56	45	34	29	57	44
경남	53	64	63	49	36	26	41	47
제주	26	116	61	33	32	18	57	49

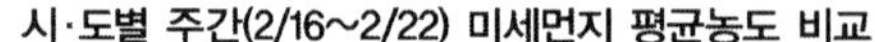

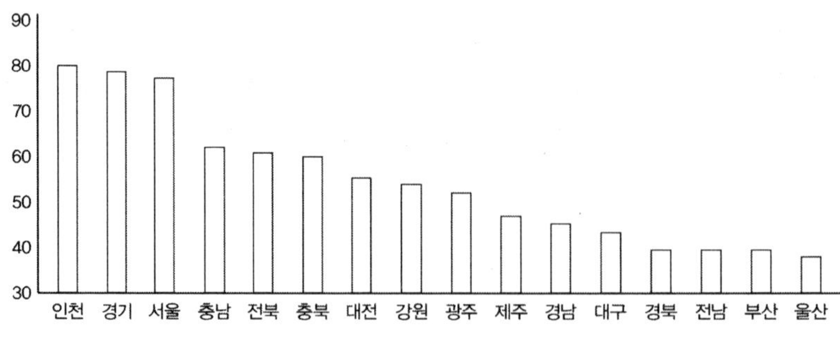

20 마지막 날이 첫날에 비해 미세먼지 농도가 가장 많이 증가한 지역은 어디인가?

① 제주　　　　　　　　　　　　　　② 강원

③ 경기　　　　　　　　　　　　　　④ 인천

⑤ 충남

　　✔해설　① 31
　　　　　② 29
　　　　　③ 184
　　　　　④ 228
　　　　　⑤ 167

21 경기지역의 마지막 날의 미세먼지 농도는 첫날에 비해 몇% 높아졌다고 할 수 있는가?

① 420%　　　　　　　　　　　　　② 426%

③ 431%　　　　　　　　　　　　　④ 438%

⑤ 450%

　　✔해설　$\dfrac{226-42}{42}\times100 \fallingdotseq 438\%$

22 다음 표는 2018년~2025년 어느 기업의 콘텐츠 유형별 매출액에 관한 자료이다. 이에 대한 설명으로 옳지 않은 것은?

(단위 : 백만 원)

연도 \ 콘텐츠 유형	게임	음원	영화	SNS	전체
2018	235	108	371	30	744
2019	144	175	355	45	719
2020	178	186	391	42	797
2021	269	184	508	59	1,020
2022	485	199	758	58	1,500
2023	470	302	1,031	308	2,111
2024	603	411	1,148	104	2,266
2025	689	419	1,510	341	2,959

① 2019년부터 2025년까지 콘텐츠 전체 매출액은 지속적으로 증가하였다.

② 2023년 영화 매출액은 전체 매출액에서 50% 이상의 비중을 차지한다.

③ SNS 매출액은 2018년에 비해 2025년에 10배 이상 증가하였다.

④ 4개의 콘텐츠 중에서 매년 매출액이 가장 큰 것은 영화이다.

⑤ 2018년부터 2025년까지 매년 매출액이 지속적으로 증가한 콘텐츠 유형은 없다.

✔ 해설 ② 2023년 영화 매출액 비중 : $\dfrac{1,031}{2,111} \times 100 ≒ 48.8\%$

23 다음 표는 2016년~2025년 5개 자연재해 유형별 피해금액에 관한 자료이다. 이에 대한 설명 중 옳지 않은 것은?

(단위 : 억 원)

유형＼연도	2016	2017	2018	2019	2020	2021	2022	2023	2024	2025
태풍	3,416	1,385	118	1,609	9	0	1,725	2,183	8,765	17
호우	2,150	3,520	19,063	435	581	2,549	1,808	5,276	384	1,581
대설	6,739	5,500	52	74	36	128	663	480	204	113
강풍	0	93	140	69	11	70	2	0	267	9
풍랑	0	0	57	331	0	241	70	3	0	0
전체	12,305	10,498	19,430	2,518	637	2,988	4,268	7,942	9,620	1,720

① 풍랑의 피해금액이 0원인 해는 2016년, 2017년, 2020년, 2024년, 2025년이다.

② 피해금액이 매년 10억 원보다 큰 자연재해 유형은 호우와 대설이다.

③ 전체 피해금액이 가장 큰 해는 2018년이다.

④ 2021년 호우의 피해금액은 전체 피해 금액의 80% 이상이다.

⑤ 2022년 대설의 피해금액은 2016~2025년 강풍 피해금액 합계보다 작다.

> ✔ **해설** 2022년 대설의 피해금액 : 663(억 원)
> 2016~2025년 강풍 피해금액 합계 : 93＋140＋69＋11＋70＋2＋267+9＝661(억 원)

24 다음은 A대학 B학과 1학년 학생들의 2015년 한 달 평균 이동통신요금당 인원의 도수를 나타낸 표이다. (나)에 해당하는 값은?

한 달 평균 이동통신요금	누적도수	상대도수
45,000원 미만	1	(가)
45,000원 이상 50,000원 미만	4	0.060
50,000원 이상 55,000원 미만	8	0.080
55,000원 이상 60,000원 미만	14	0.120
60,000원 이상 65,000원 미만	23	0.180
65,000원 이상 70,000원 미만	35	0.240
70,000원 이상 75,000원 미만	45	0.200
75,000원 이상 80,000원 미만	(나)	0.100
80,000원 이상	(다)	0.000

① 35 ② 38

③ 40 ④ 50

⑤ 60

✔ **해설** 상대도수 = 해당 계급의 도수/전체 도수
상대도수의 총합은 1이다.
누적도수는 이전 계급의 누적도수 + 해당 계급의 도수
도수의 총합 = 마지막 계급의 누적도수
(가)+0.980=1이므로 (가)는 0.020이다.
(나)는 $45+\dfrac{0.100}{0.020}=50$이다.

25 다음은 20××년 직업별 월별 국내여행 일수를 나타낸 표이다. 다음 설명 중 옳지 않은 것을 고르면?

(단위 : 천일)

직업	1월	2월	3월	4월	5월	6월	7월	8월
사무전문	12,604	14,885	11,754	11,225	10,127	11,455	14,629	14,826
기술생산노무	3,998	6,311	3,179	3,529	4,475	3,684	4,564	3,655
판매서비스	5,801	8,034	6,041	4,998	5,497	5,443	7,412	8,082
자영업	7,300	8,461	6,929	6,180	7,879	6,517	8,558	9,659
학생	3,983	6,209	3,649	4,126	4,154	3,763	4,417	5,442
주부	7,517	10,354	7,346	6,053	6,528	6,851	6,484	7,877
무직은퇴	2,543	2,633	3,005	2,335	2,703	2,351	2,012	2,637

① 사무전문직에 종사하는 사람들의 월별 국내여행 일수는 지속적으로 증가하고 있다.

② 판매서비스직에 종사하는 사람들의 국내여행 일수는 4월보다 5월이 많다.

③ 사무전문직의 4월 국내여행 일수는 무직은퇴인 사람들의 비해 4배 이상 많다.

④ 자영업의 경우 6월부터 지속적으로 국내여행 일수가 증가하고 있다.

⑤ 8월의 국내여행 일수는 자영업이 판매서비스 보다 많다.

> ✔ **해설** ① 1, 2월 증가하다 3월부터 5월까지는 하향세, 6월부터 다시 증가했다. 그러므로 지속적으로 증가하고 있다는 설명은 옳지 않다.

다음은 미국 콜럼비아 대학의 Stepan과 Robertson이 이슬람 문화와 민주주의의 관계를 분석하기 위해 정리한 자료 중 일부이다. [표1]은 47개 이슬람권 나라(이 중 아랍권은 사우디아라비아 등 16개국, 비아랍권은 말레이시아 등 31개국)를 대상으로 삼아 민주화가 양호한 나라의 비율을 계산한 것이고, [표2]는 이슬람권뿐만 아니라 비이슬람권까지 포함시키되, 전체적으로는 소득수준이 1인당 GDP 1,500달러 미만인 나라(이슬람권 16개국, 비이슬람권 22개국)로 분석 대상을 한정시켜 각 그룹 별로 민주화가 양호한 나라의 비율을 구한 것이다.

(자료 : Journal of Democracy, 2003)

[표1] 이슬람권 나라 중 민주화가 양호한 나라

아랍권	비아랍권
16개국 중 1개국 (6%)	31개국 중 12개국 (39%)

[표2] 1인당 GDP 1,500달러 미만(1996년 기준)의 나라 중 민주화가 양호한 나라

이슬람권		비이슬람권	
16개국 중 5개국 (31%)		22개국 중 7개국 (32%)	
아랍권	비아랍권	기독교 국가	기타
1개국 중 0개국 (0%)	15개국 중 5개국 (33%)	10개국 중 3개국 (30%)	12개국 중 4개국 (33%)

* 두 표에서 민주화가 양호한지 여부는 Polity IV 및 Freedom House 지수를 근거로 1973~2001년의 기간에 대해 평가한 것임.

① 소득에 상관없이 아랍권은 민주화 정도가 높은 편이다.

② 이슬람 문화는 국가의 민주적 발전에 큰 장애가 되고 있다.

③ 저소득 국가들 가운데 기독교권의 민주화 정도가 이슬람권보다 높다.

④ 아랍권의 민주화 정도가 낮은 것은 그 안에 저소득 국가가 많기 때문이다.

⑤ 이슬람권 내에서 저소득 국가라 해서 민주화 정도가 더 낮은 것은 아니다.

✔**해설** ⑤ 1인당 GDP 1,500달러 미만(1996년 기준)의 나라 중 민주화가 양호한 나라가 16개국 중 5개국인 것으로 보아, 저소득 국가라 해서 민주화 정도가 더 낮은 것은 아니다.

27 다음 표는 6개 기업의 사원 모집정원에 관한 자료이다. 신입사원으로 선발하는 인원이 경력사원으로 선발하는 인원보다 많은 기업은 어디인가?

[표1] 계열별 신입사원 정원

(단위 : 명)

구분	전체	인문계열	공학계열
A기업	5,600	2,400	3,200
B기업	4,100	2,200	1,900
C기업	5,100	2,700	2,400
D기업	7,800	3,500	4,300
E기업	1,300	800	500
F기업	3,200	1,500	1,700

[표2] 모집 방법별 신입사원 정원

(단위 : 명)

구분	신입사원		경력사원	
	인문계열	공학계열	인문계열	공학계열
A기업	1,200	1,600	1,200	1,600
B기업	560	420	1,640	1,480
C기업	700	660	2,000	1,740
D기업	2,300	2,800	1,200	1,500
E기업	340	240	460	260
F기업	750	770	750	930

① A기업
② B기업
③ D기업
④ E기업
⑤ F기업

✔**해설** ① 신입사원 : $1,200+1,600=2,800$
　경력사원 : $1,200+1,600=2,800$
③ 신입사원 : $2,300+2,800=5,100$
　경력사원 : $1,200+1,500=2,700$
⑤ 신입사원 : $750+770=1,520$
　경력사원 : $750+930=1,680$

② 신입사원 : $560+420=980$
　경력사원 : $1,640+1,480=3,120$
④ 신입사원 : $340+240=580$
　경력사원 : $460+260=720$

Answer　26.⑤　27.③

28 다음은 20××년 코리아 그랑프리대회 기록이다. 1위의 기록이 2시간 48분 20초일 때 대회기록이 2시간 48분 59초 이내인 드라이버는 모두 몇 명인가?

드라이버	1위 와의 기록차이(초)
알론소	0
해밀턴	+ 14.9
마사	+ 30.8
슈마허	+ 39.6
쿠비차	+ 47.7
리우찌	+ 53.5
바리첼로	+ 69.2
가우이	+ 77.8
하펠트	+ 80.1
칼버그	+ 80.8

① 1명　　　　　　　　　　② 2명
③ 3명　　　　　　　　　　④ 4명
⑤ 5명

✔ **해설** 1위와의 기록이 39초 이하로 차이가 나야한다. 따라서 알론소, 해밀턴, 마사 3명이다.

29 다음 표는 A지역 전체 가구를 대상으로 일본원자력발전소 사고 전후의 식수조달원 변경에 대해 설문조사한 결과이다. 사고 전에 비해 사고 후에 이용 가구 수가 감소한 식수조달원의 수는 몇 개인가?

사고 후 조달원 사고 전 조달원	수돗물	정수	약수	생수
수돗물	40	30	20	30
정수	10	50	10	30
약수	20	10	10	40
생수	10	10	10	40

① 0개   ② 1개

③ 2개   ④ 3개

⑤ 4개

✔ 해설

사고 후 조달원 사고 전 조달원	수돗물	정수	약수	생수	합계
수돗물	40	30	20	30	120
정수	10	50	10	30	100
약수	20	10	10	40	80
생수	10	10	10	40	70
합계	80	100	50	140	

수돗물 : 120 → 80

정수 : 100 → 100

약수 : 80 → 50

생수 : 70 → 140

따라서 사고 전에 비해 사고 후에 이용 가구 수가 감소한 식수조달원은 수돗물과 약수 2개이다.

30 다음 표는 국방비 관련 자료이다. 이에 대한 〈보기〉의 설명 중 옳은 것을 모두 고른 것은?

[표1] 국가별 국방비 현황

국가	GDP(억 $)	국방비(억 $)	GDP대비 국방비(%)	병력(천 명)	1인당 군사비(억 $)
A	92,000	2,831	3.1	1,372	1,036
B	43,000	404	0.9	243	319
C	19,000	311	1.6	333	379
D	14,000	379	2.7	317	640
E	11,000	568	5.2	1,004	380
F	14,000	369	2.6	212	628
G	2,830	54	1.9	71	148
H	7,320	399	5.5	2,820	32
I	990	88	8.9	174	1,465
J	840	47	5.6	73	1,174
K	150	21	14.0	1,055	98

[표2] 한국의 연도별 국방비

(단위 : 억 원, %)

구분＼연도	2014	2019	2022	2023	2024	2025
국방비	66,378	110,744	138,000	137,490	144,774	153,884
재정 대비 국방비 구성비	24.2	21.3	18.3	16.4	16.3	15.5
GDP 대비 국방비 구성비	3.7	3.1	2.9	2.8	2.7	2.6

[표3] 한국의 연도별 국방비 구성

(단위 : 억 원, %)

연도	국방비		경상운영비			전략투자비		
	금액	증가율	금액	증가율	구성비	금액	증가율	구성비
2019	110,744	9.9	71,032	9.9	64.1	39,712	1.00	35.9
2020	122,434	10.6	79,772	12.3	65.2	42,662	7.4	34.8
2021	137,865	12.6	86,032	7.8	62.4	51,833	21.5	37.6
2022	138,000	0.1	87,098	1.2	63.1	50,902	−1.8	36.9
2023	137,490	−0.4	85,186	−2.2	62.0	52,304	2.8	38.0
2024	144,774	5.3	91,337	7.2	63.1	53,437	2.2	36.9
2025	153,884	6.3	101,743	11.4	63.1	52,141	−2.4	33.9

〈보기〉

㉠ 국방비가 많은 나라일수록 1인당 군사비가 높다.

㉡ 한국의 2025년도 국방비와 경상운영비 모두 전년대비 증가했으나 전략투자비는 전년에 비해 감소했다.

㉢ 2022~2024년 사이에 한국의 국방비 증가율이 전년보다 높은 연도에는 경상운영비의 증가율도 전년보다 높다.

㉣ 2014년 이후 한국의 GDP 대비 국방비 구성비와 재정 대비 국방비 구성비 모두 지속적으로 감소하였다.

㉤ GDP 대비 국방비의 비율이 높은 나라일수록 1인당 군사비가 높다.

① ㉠, ㉢ 　　　　　② ㉠, ㉤

③ ㉡, ㉢, ㉣ 　　　　④ ㉡, ㉣, ㉤

⑤ ㉠, ㉢, ㉤

✔해설 ㉠ A국이 I국보다 국방비가 많지만 1인당 군사비는 적다.
㉤ GDP대비 국방비의 비율이 가장 높은 K국의 1인당 군사비가 매우 낮다.

Answer 30.③

31 다음은 가구당 순자산 보유액 구간별 가구 분포에 관련된 표이다. 이 표를 바탕으로 이해한 내용으로 가장 적절한 것은?

〈가구당 순자산 보유액 구간별 가구 분포〉

(단위 : %, %p)

순자산(억 원)	가구분포		
	2024년	2025년	전년차(비)
-1 미만	0.2	0.2	0.0
-1~0 미만	2.6	2.7	0.1
0~1 미만	31.9	31.2	-0.7
1~2 미만	19.1	18.5	-0.6
2~3 미만	13.8	13.5	-0.3
3~4 미만	9.5	9.4	-0.1
4~5 미만	6.3	6.8	0.5
5~6 미만	4.4	4.6	0.2
6~7 미만	3.0	3.2	0.2
7~8 미만	2.0	2.2	0.2
8~9 미만	1.5	1.5	0.0
9~10 미만	1.2	1.2	0.0
10 이상	4.5	5.0	0.5
평균(만 원)	29,918	31,142	4.1
중앙값(만 원)	17,740	18,525	4.4

① 순자산 보유액이 많은 가구보다 적은 가구의 2025년 비중이 전년보다 더 증가하였다.

② 순자산이 많은 가구의 소득은 2024년 대비 2025년에 더 감소하였다.

③ 소수의 사람들이 많은 순자산을 가지고 있다.

④ 2025년의 순자산 보유액이 3억 원 미만인 가구는 전체의 50%가 조금 안 된다.

⑤ 1억 원 미만의 순자산을 보유한 가구의 비중은 2025년에 전혀 줄지 않았다.

 2025년을 기준으로 볼 때, 중앙값이 1억 8,525만 원이며, 평균이 3억 1,142만 원임을 알 수 있다. 중앙값이 평균값에 비해 매우 적다는 것은 소수의 사람들에게 순자산 보유액이 집중되어 있다는 것을 의미한다고 볼 수 있다.

① 순자산 보유액 구간의 중간인 '4~5' 미만 기준으로 구분해 보면, 상대적으로 순자산 보유액이 많은 가구가 적은 가구보다 2025년 비중이 전년보다 더 증가하였다.

② 주어진 표로 가구의 소득은 알 수 없다.

④ 전체의 66.1%를 차지한다.

⑤ 2024년 34.7%에서 2025년 34.1%로 0.6%p 줄었다.

32 다음은 신재생 에너지 및 절약 분야 사업 현황이다. '신재생 에너지' 분야의 사업별 평균 지원액이 '절약 분야의 사업별 평균 지원액의 5배 이상이 되기 위한 사업 수의 최대 격차는? (단, '신재생 에너지' 분야의 사업 수는 '절약 분야의 사업 수보다 큼)

(단위 : 억 원, %, 개)

구분	신재생 에너지	절약	합
지원금(비율)	3,500(85.4)	600(14.6)	4,100(100.0)
사업 수	( )	( )	600

① 44개　　　　　　　　　② 46개

③ 48개　　　　　　　　　④ 54개

⑤ 56개

    ✔해설 '신재생 에너지' 분야의 사업 수를 x, '절약 분야의 사업 수를 y라고 하면

$x + y = 600$ ······ ㉠

$\dfrac{3,500}{x} \geq 5 \times \dfrac{600}{y} \rightarrow$ (양 변에 xy 곱함) $\rightarrow 3,500y \geq 3,000x$ ······ ㉡

㉠, ㉡을 연립하여 풀면 $y \geq 276.92\cdots$

따라서 '신재생 에너지' 분야의 사업별 평균 지원액이 '절약 분야의 사업별 평균 지원액의 5배 이상이 되기 위한 사업 수의 최대 격차는 '신재생 에너지' 분야의 사업 수가 323개, '절약 분야의 사업 수가 277개일 때로 46개이다.

Answer 31.③　32.②

33 다음은 A시의 연도별·혼인종류별 건수와 관련된 자료이다. 빈 칸 ㉠, ㉡에 들어갈 알맞은 수치는 얼마인가?

〈A시의 연도별·혼인종류별 건수〉

(단위 : 건)

구분		2016	2017	2018	2019	2020	2021	2022	2023	2024	2025
남자	초혼	279	270	253	274	278	274	272	257	253	㉠
	재혼	56	58	52	53	47	55	48	47	45	㉡
여자	초혼	275	266	248	269	270	272	267	255	249	231
	재혼	60	62	57	58	55	57	53	49	49	49

(단위 : 건)

구분	2016	2017	2018	2019	2020	2021	2022	2023	2024	2025
남(초) + 여(초)	260	250	235	255	260	255	255	241	( )	( )
남(재) + 여(초)	15	16	13	14	10	17	12	14	( )	( )
남(초) + 여(재)	19	20	18	19	18	19	17	16	( )	( )
남(재) + 여(재)	41	42	39	39	37	38	36	33	( )	( )

※ 초 : 초혼, 재 : 재혼

구분	2024년의 2016대비 증감 수	2023~2025년의 연평균 건수
남(초) + 여(초)	−22	233
남(재) + 여(초)	−4	12
남(초) + 여(재)	−4	16
남(재) + 여(재)	−7	33

① 237, 53

② 240, 55

③ 237, 43

④ 240, 43

⑤ 237, 55

 주어진 자료를 근거로 괄호 안의 숫자를 채우면 다음과 같다.

구분	2024년	2025년
남(초) + 여(초)	$260 - 22 = 238$	$(241 + 238 + x) \div 3 = 233,\ x = 220$
남(재) + 여(초)	$15 - 4 = 11$	$(14 + 11 + x) \div 3 = 12,\ x = 11$
남(초) + 여(재)	$19 - 4 = 15$	$(16 + 15 + x) \div 3 = 16,\ x = 17$
남(재) + 여(재)	$41 - 7 = 34$	$(33 + 34 + x) \div 3 = 33,\ x = 32$

따라서 ㉠은 초혼 남자이므로 '남(초) + 여(초)'인 220명과 '남(초) + 여(재)'인 17명의 합인 237명이 되며, ㉡은 재혼 남자이므로 '남(재) + 여(초)'인 11명과 '남(재) + 여(재)'인 32명의 합인 43명이 된다.

34 다음은 A사가 추진하는 과제의 전공별 연구책임자 현황에 대한 자료이다. 다음 설명 중 옳지 않은 것을 고르면?

(단위 : 명, %)

전공 \ 연구책임자	남자		여자	
	연구책임자 수	비율	연구책임자 수	비율
이학	2,833	14.8	701	30.0
공학	11,680	61.0	463	19.8
농학	1,300	6.8	153	6.5
의학	1,148	6.0	400	17.1
인문사회	1,869	9.8	544	23.3
기타	304	1.6	78	3.3
계	19,134	100.0	2,339	100.0

① 전체 연구책임자 중 공학전공의 연구책임자가 차지하는 비율이 50%를 넘는다.
② 전체 연구책임자 중 의학전공의 여자 연구책임자가 차지하는 비율은 1.9%이다.
③ 전체 연구책임자 중 인문사회전공의 연구책임자가 차지하는 비율은 12%를 넘는다.
④ 전체 연구책임자 중 농학전공의 남자 연구책임자가 차지하는 비율은 6%를 넘는다.
⑤ 전체 연구책임자 중 이학전공의 연구책임자가 차지하는 비율은 16%를 넘는다.

 ③ $\dfrac{1,869 + 544}{19,134 + 2,339} \times 100 ≒ 11.23$이므로 12%를 넘지 않는다.

35 다음은 P사의 계열사 중 철강과 지원 분야에 관한 자료이다. 다음을 이용하여 A, B, C 중 두 번째로 큰 값은? (단, 지점은 역할에 따라 실, 연구소, 공장, 섹션, 사무소 등으로 구분되며, 하나의 지점은 1천 명의 직원으로 조직된다.)

구분	그룹사	편제	직원 수(명)
철강	PO강판	1지점	1,000
	PONC	2지점	2,000
지원	PO메이트	실 10지점, 공장 A지점	( )
	PO터미날	실 5지점, 공장 B지점	( )
	PO기술투자	실 7지점, 공장 C지점	( )
	PO휴먼스	공장 6지점, 연구소 1지점	( )
	PO인재창조원	섹션 1지점, 사무소 1지점	2,000
	PO경영연구원	1지점	1,000
계		45지점	45,000

- PO터미날과 PO휴먼스의 직원 수는 같다.
- PO메이트의 공장 수는 PO휴먼스의 공장 수의 절반이다.
- PO메이트의 공장 수와 PO터미날의 공장 수를 합하면 PO기술투자의 공장 수와 같다.

① 3 ② 4
③ 5 ④ 6
⑤ 7

 **해설** • 총 45지점이므로 $A+B+C=10$

- PO터미날과 PO휴먼스의 직원 수가 같으므로 $5+B=6+1$, $\therefore B=2$

- PO메이트의 공장 수는 PO휴먼스의 공장 수의 절반이므로 $\therefore A=6\times\dfrac{1}{2}=3$

- PO메이트의 공장 수와 PO터미날의 공장 수를 합하면 PO기술투자의 공장 수와 같으므로 $A+B=C$, $\therefore C=5$
따라서 $A=3$, $B=2$, $C=5$이므로 두 번째로 큰 값은 $3(A)$이다.

36 다음은 사무용 물품의 조달단가와 구매 효용성을 나타낸 것이다. 20억 원 이내에서 구매예산을 집행한다고 할 때, 정량적 기대효과 총합의 최댓값은?

(단, 각 물품은 구매하지 않거나, 1개만 구매 가능하며 구매효용성 $= \dfrac{\text{정량적 기대효과}}{\text{조달단가}}$ 이다.)

구분 \ 물품	A	B	C	D	E	F	G	H
조달단가(억 원)	3	4	5	6	7	8	10	16
구매 효용성	1	0.5	1.8	2.5	1	1.75	1.9	2

① 35   ② 36

③ 37   ④ 38

⑤ 39

 해설

구분 \ 물품	A	B	C	D	E	F	G	H
조달단가(억 원)	3	4	5	6	7	8	10	16
구매 효용성	1	0.5	1.8	2.5	1	1.75	1.9	2
정량적 기대효과	3	2	9	15	7	14	19	32

따라서 20억 원 이내에서 구매예산을 집행한다고 할 때, 정량적 기대효과 총합이 최댓값이 되는 조합은 C, D, F로 9 + 15 + 14 = 38이다.

 다음 자료에 대한 설명으로 올바른 것은?

〈한우 연도별 등급 비율〉

(단위 : %, 두)

연도	육질 등급					합계	한우등급 판정두수
	1++	1+	1	2	3		
2019	7.5	19.5	27.0	25.2	19.9	99.1	588,003
2020	8.6	20.5	27.6	24.7	17.9	99.3	643,930
2021	9.7	22.7	30.7	25.2	11.0	99.3	602,016
2022	9.2	22.6	30.6	25.5	11.6	99.5	718,256
2023	9.3	20.2	28.6	27.3	14.1	99.5	842,771
2024	9.2	21.0	31.0	27.1	11.2	99.5	959,751
2025	9.3	22.6	32.8	25.4	8.8	98.9	839,161

① 1++ 등급으로 판정된 한우의 두수는 2021년이 2022년보다 더 많다.

② 1등급 이상이 60%를 넘은 해는 모두 3개년이다.

③ 3등급 판정을 받은 한우의 두수는 2021년이 가장 적다.

④ 전년보다 1++ 등급의 비율이 더 많아진 해에는 3등급의 비율이 매번 더 적어졌다.

⑤ 1++ 등급의 비율이 가장 낮은 해는 3등급의 비율이 가장 높은 해이며, 반대로 1++ 등급의 비율이 가장 높은 해는 3등급의 비율이 가장 낮다.

✔ 해설 ③ 3등급 판정을 받은 한우의 비율은 2025년이 가장 낮지만, 비율을 통해 한우등급 판정두수를 계산해 보면 2021년의 두수가 602,016×0.11=약 66,222두로, 2025년의 839,161× 0.088=약 73,846두보다 더 적음을 알 수 있다.

① 1++ 등급으로 판정된 한우의 수는 2021년이 602,016×0.097=약 58,396두이며, 2022년이 718,256×0.092= 약 66,080두이다.

② 1등급 이상이 60%를 넘은 해는 2021, 2022, 2024, 2025년으로 4개년이다.

④ 2022년에서 2023년으로 넘어가면서 1++등급은 0.1%p 비율이 더 많아졌으며, 3등급의 비율도 2.5%p 더 많아졌다.

⑤ 1++ 등급의 비율이 가장 낮은 2019년에는 3등급의 비율이 가장 높았지만, 반대로 1++ 등급의 비율이 가장 높은 2021년에는 3등급의 비율도 11%로 2025년보다 더 높아 가장 낮지 않았다.

38 다음은 최근 5년간 혼인형태별 평균연령에 관한 자료이다. A~E에 들어갈 값으로 옳지 않은 것은? (단, 남성의 나이는 여성의 나이보다 항상 많다)

(단위 : 세)

연도	평균 초혼연령			평균 이혼연령			평균 재혼연령		
	여성	남성	남녀차	여성	남성	남녀차	여성	남성	남녀차
2021	24.8	27.8	3.0	C	36.8	4.1	34.0	38.9	4.9
2022	25.4	28.4	A	34.6	38.4	3.8	35.6	40.4	4.8
2023	26.5	29.3	2.8	36.6	40.1	3.5	37.5	42.1	4.6
2024	27.0	B	2.8	37.1	40.6	3.5	37.9	E	4.3
2025	27.3	30.1	2.8	37.9	41.3	D	38.3	42.8	4.5

① A — 3.0

② B — 29.8

③ C — 32.7

④ D — 3.4

⑤ E — 42.3

✔ **해설** ⑤ E에 들어갈 값은 37.9 + 4.3 = 42.2이다.

39 다음은 2023~2025년도의 지방자치단체 재정력지수에 대한 자료이다. 매년 지방자치단체의 기준재정수입액이 기준재정수요액에 미치지 않는 경우, 중앙정부는 그 부족분만큼의 지방교부세를 당해년도에 지급한다고 할 때, 3년간 지방교부세를 지원받은 적이 없는 지방자치단체는 모두 몇 곳인가? (재정력지수 $= \dfrac{\text{기준재정수입액}}{\text{기준재정수요액}}$)

지방 자치단체 \ 연도	2023	2024	2025	평균
서울	1.106	1.088	1.010	1.068
부산	0.942	0.922	0.878	0.914
대구	0.896	0.860	0.810	0.855
인천	1.105	0.984	1.011	1.033
광주	0.772	0.737	0.681	0.730
대전	0.874	0.873	0.867	0.871
울산	0.843	0.837	0.832	0.837
경기	1.004	1.065	1.032	1.034
강원	0.417	0.407	0.458	0.427
충북	0.462	0.446	0.492	0.467
충남	0.581	0.693	0.675	0.650
전북	0.379	0.391	0.408	0.393
전남	0.319	0.330	0.320	0.323
경북	0.424	0.440	0.433	0.432
경남	0.653	0.642	0.664	0.653

① 0곳   ② 1곳

③ 2곳   ④ 3곳

⑤ 5곳

✔ **해설** 재정력지수가 1 이상이면 지방교부세를 지원받지 않는다. 따라서 3년간 지방교부세를 지원받은 적이 없는 지방자치단체는 서울, 경기 두 곳이다.

40 다음은 푸르미네의 에너지 사용량과 연료별 단소배출량 및 수종(樹種)별 단소흡수량을 나타낸 것이다. 푸르미네 가족의 월간 탄소배출량과 나무의 월간 탄소흡수량을 같게 하기 위한 나무의 올바른 조합을 고르면?

■ 푸르미네의 에너지 사용량

연료	사용량
전기	420kWh/월
상수도	40㎥/월
주방용 도시가스	60㎥/월
자동차 가솔린	160ℓ/월

■ 연료별 탄소배출량

연료	탄소배출량
전기	0.1kg/kWh
상수도	0.2kg/㎥
주방용 도시가스	0.3kg/㎥
자동차 가솔린	0.5kg/ℓ

■ 수종별 탄소흡수량

수종	탄소흡수량
소나무	14kg/그루 · 월
벚나무	6kg/그루 · 월

① 소나무 4그루와 벚나무 12그루

② 소나무 6그루와 벚나무 9그루

③ 소나무 7그루와 벚나무 10그루

④ 소나무 8그루와 벚나무 6그루

⑤ 소나무 9그루와 벚나무 4그루

해설 • 푸르미네 가족의 월간 탄소배출량은

$(420 \times 0.1) + (40 \times 0.2) + (60 \times 0.3) + (160 \times 0.5) = 42 + 8 + 18 + 80 = 148kg$이다.

• 소나무 8그루와 벚나무 6그루를 심을 경우 흡수할 수 있는 탄소흡수량은

$(14 \times 8) + (6 \times 6) = 112 + 36 = 148kg$/그루 · 월로 푸르미네 가족의 월간 탄소배출량과 같다.

41 다음은 2025년 인구 상위 10개국과 2055년 예상 인구 상위 10개국에 대한 자료이다. 이에 대한 설명 중 옳지 않은 것을 고르면?

(단위 : 백만 명)

구분 / 순위	2025년		2055년(예상)	
	국가	인구	국가	인구
1	중국	1,311	인도	1,628
2	인도	1,122	중국	1,437
3	미국	299	미국	420
4	인도네시아	225	나이지리아	299
5	브라질	187	파키스탄	295
6	파키스탄	166	인도네시아	285
7	방글라데시	147	브라질	260
8	러시아	146	방글라데시	231
9	나이지리아	135	콩고	196
10	콩고	128	러시아	145

① 2025년 대비 2055년 콩고의 인구는 50% 이상 증가할 것으로 예상된다.

② 2025년 대비 2055년 러시아의 인구는 감소할 것으로 예상된다.

③ 2025년 대비 2055년 인도의 인구 증가율은 중국의 인구 증가율보다 낮을 것으로 예상된다.

④ 2025년 대비 2055년 미국의 인구 증가율은 중국의 인구 증가율보다 높을 것으로 예상된다.

⑤ 2025년 대비 2055년 나이지리아의 인구는 두 배 이상이 될 것으로 예상된다.

해설

③ 2025년 대비 2055년 인도의 인구 증가율 $= \dfrac{1,628-1,122}{1,122} \times 100 ≒ 45.1\%$

2025년 대비 2055년 중국의 인구 증가율 $= \dfrac{1,437-1,311}{1,311} \times 100 ≒ 9.6\%$

① 2025년 대비 2055년 콩고의 인구 증가율 $= \dfrac{196-128}{128} \times 100 = 53.125\%$

② 2025년 러시아의 인구는 146(백만 명), 2055년 러시아의 인구는 145(백만 명)

④ 2025년 대비 2055년 미국의 인구 증가율 $= \dfrac{420-299}{299} \times 100 ≒ 40.5\%$

2025년 대비 2055년 중국의 인구 증가율 $= \dfrac{1,437-1,311}{1,311} \times 100 ≒ 9.6\%$

⑤ 2025년 나이지리아의 인구는 135(백만 명), 2055년 나이지리아의 인구는 299(백만 명)

42 다음은 A~E 5대의 자동차별 속성과 연료 종류별 가격에 관한 자료이다. 60km를 운행하는 데에 연료비가 가장 많이 드는 자동차는?

■ 자동차별 속성

자동차 \ 특성	사용연료	최고시속(km/h)	연비(km/l)	연료탱크용량(l)
A	휘발유	200	10	60
B	LPG	160	8	60
C	경유	150	12	50
D	휘발유	180	20	45
E	경유	200	8	50

■ 연료 종류별 가격

연료 종류	리터당 가격(원/l)
휘발유	1,700
LPG	1,000
경유	1,500

① A   ② B
③ C   ④ D
⑤ E

✔ **해설** 60km를 운행할 때 연료비는
① A의 연료비 : 60/10 × 1,700 = 10,200원
② B의 연료비 : 60/8 × 1,000 = 7,500원
③ C의 연료비 : 60/12 × 1,500 = 7,500원
④ D의 연료비 : 60/20 × 1,700 = 5,100원
⑤ E의 연료비 : 60/8 × 1,500 = 11,250원

43 다음은 '갑' 지역의 연도별 65세 기준 인구의 분포를 나타낸 자료이다. 이에 대한 올바른 해석은 어느 것인가?

구분	인구 수(명)		
	계	65세 미만	65세 이상
2018년	66,557	51,919	14,638
2019년	68,270	53,281	14,989
2020년	150,437	135,130	15,307
2021년	243,023	227,639	15,384
2022년	325,244	310,175	15,069
2023년	465,354	450,293	15,061
2024년	573,176	557,906	15,270
2025년	659,619	644,247	15,372

① 65세 미만 인구수는 조금씩 감소하였다.

② 전체 인구수는 매년 지속적으로 증가하였다.

③ 65세 이상 인구수는 매년 지속적으로 증가하였다.

④ 65세 이상 인구수는 매년 전체의 5% 이상이다.

⑤ 전년 대비 65세 이상 인구수가 가장 많이 변화한 3개 연도는 2019년, 2020년, 2024년이다.

> ✔ 해설 ② 전체 인구수는 전년보다 동일하거나 감소하지 않고 매년 꾸준히 증가한 것을 알 수 있다.
> ① 65세 미만 인구수 역시 매년 꾸준히 증가하였다.
> ③ 2022년과 2023년에는 전년보다 감소하였다.
> ④ 2022년 이후부터는 5% 미만 수준을 계속 유지하고 있다.
> ⑤ 증가나 감소가 아닌 변화 전체를 묻고 있으므로 2019년(+351명), 2020년(+318명), 그리고 2022년(−315명)이 된다.

44 다음은 산업재산권 유지를 위한 등록료에 관한 자료이다. 다음 중 권리 유지비용이 가장 많이 드는 것은? (단, 특허권, 실용신안권의 기본료는 청구범위의 항 수와는 무관하게 부과되는 비용으로 청구범위가 1항인 경우 기본료와 1항에 대한 가산료가 부과된다)

(단위 : 원)

권리 \ 구분	설정등록료(1~3년분)		연차등록료			
			4~6년차	7~9년차	10~12년차	13~15년차
특허권	기본료	81,000	매년 60,000	매년 120,000	매년 240,000	매년 480,000
	가산료 (청구범위의 1항마다)	54,000	매년 25,000	매년 43,000	매년 55,000	매년 68,000
실용 신안권	가산료	60,000	매년 40,000	매년 80,000	매년 160,000	매년 320,000
	가산료 (청구범위의 1항마다)	15,000	매년 10,000	매년 15,000	매년 20,000	매년 25,000
디자인권	75,000		매년 35,000	매년 70,000	매년 140,000	매년 280,000
상표권	211,000 (10년분)		10년 연장 시 256,000			

① 청구범위가 3항인 특허권에 대한 3년간의 권리 유지

② 청구범위가 1항인 특허권에 대한 4년간의 권리 유지

③ 청구범위가 3항인 실용신안권에 대한 5년간의 권리 유지

④ 한 개의 디자인권에 대한 7년간의 권리 유지

⑤ 한 개의 상표권에 대한 10년간의 권리 유지

✔ **해설** ④ 75,000 + (35,000 × 3) + 70,000 = 250,000원

① 81,000 + (54,000 × 3) = 243,000원

② 81,000 + 54,000 + 25,000 = 160,000원

③ 60,000 + (15,000 × 3) + (10,000 × 2) = 125,000원

⑤ 211,000원

▌45~46▐ 다음 표는 성, 연령집단 및 교육수준별 삶의 만족도에 관한 표이다. 다음 표를 보고 물음에
답하시오.

(단위 : %)

		2015	2018	2021	2023	2024	2025
전체	전체	20.4	28.9	20.9	24.1	33.3	34.1
	만족도 점수	4.7	4.8	4.6	4.9	5.4	5.5
성별	남자	21	29.4	22.3	24.4	33.6	34.6
	여자	19.9	28.5	19.5	23.9	33	33.6
연령집단	20세 미만	25.5	35.9	23.8	36.1	47.8	48
	20 ~ 29세	22.9	31.1	23	26.1	36.1	38.9
	30 ~ 39세	23.1	33	24.1	26.1	36.4	39.6
	40 ~ 49세	18.8	28.1	22.5	25.7	34.2	36
	50 ~ 59세	16.4	24.3	19.4	21.1	28.5	27.5
	60세 이상	16.3	22.9	13.6	14.5	23.6	22.1
교육수준	초졸 이하	14.6	21	10.7	16.2	25.8	24.7
	중졸	17.1	25.7	17.1	22.1	31.1	28.8
	고졸	19	26.5	17.7	20.8	30.4	29.9
	대졸 이상	29.6	39.4	31.6	33	41.5	45.4

* 만족도 : "귀하의 생활을 전반적으로 고려할 때 현재 삶에 어느 정도 만족하십니까?"라는 질문에 대하여 "매우 만족"과 "약
간 만족"의 응답비율을 합한 것
* 만족도점수 : "매우 만족"에 10점, "약간 만족"에 7.5점, "보통"에 5점, "약간 불만족"에 2.5점, "매우 불만족"에 0점을 부여
하여 산출한 응답 평균 점수

45 위의 표에 대한 설명으로 옳지 않은 것은?

① 대체로 교육수준이 높을수록 삶의 만족도가 높다.

② 대체로 연령이 낮을수록 삶의 만족도가 높다.

③ 20세 미만의 경우 2025년에는 거의 과반수가 "매우 만족" 또는 "약간 만족"이라고 응답했다.

④ 전체집단의 삶의 만족도는 점점 증가하고 있다.

⑤ 만족도 점수를 보았을 때 전체집단의 평균적인 삶의 만족도는 보통 수준이다.

✔해설 ④ 전체집단의 삶의 만족도는 2021년에 감소했다.

46 2024년 응답 대상자 중 여자가 24,965(천 명)이라고 한다면, 2024년 응답 대상자 중 질문에 대하여 "매우 만족"과 "약간 만족"에 응답한 여자는 총 몇 명인가?

① 8,238,440명

② 8,238,450명

③ 8,238,460명

④ 8,238,470명

⑤ 8,238,480명

✔해설 24,965,000×0.33=8,238,450

┃47~48┃ 다음 표는 가구 월평균 교통비 지출액 및 지출율에 관한 표이다. 다음 표를 보고 물음에 답하시오.

(단위 : 천 원, %)

		2020	2021	2022	2023	2024	2025
월평균 교통비 (천 원)	전체	271	295	302	308	334	322
	개인교통비	215	238	242	247	271	258
	대중교통비	56	57	60	61	63	63
교통비 지출율 (%)	전체	11.9	12.3	12.3	12.4	13.1	12.5
	개인교통비	9.4	9.9	9.8	10	10.6	10.1
	대중교통비	2.4	2.4	2.4	2.4	2.5	2.5

* 교통비 지출율 : 가구 월평균 소비지출 중 교통비가 차지하는 비율

* 개인교통비 : 자동차 구입비, 기타 운송기구(오토바이, 자전거 등) 구입비, 운송기구 유지 및 수리비(부품 및 관련용품, 유지 및 수리비), 운송기구 연료비, 기타 개인교통서비스(운전교습비, 주차료, 통행료, 기타 개인교통) 등 포함

* 대중교통비 : 철도운송비, 육상운송비, 기타운송비(항공, 교통카드 이용, 기타 여객운송) 등 포함

47 위의 표에 대한 설명으로 옳은 것은?

① 2020년 월평균 교통비에서 개인교통비는 80% 이상을 차지한다.

② 2021년 월평균 교통비에서 대중교통비는 20% 이상을 차지한다.

③ 2022년 월평균 교통비에서 개인교통비는 80% 이상을 차지한다.

④ 전체 월평균 교통비는 해마다 증가한다.

⑤ 개인 월평균 교통비는 해마다 증가한다.

 ③ $242 \div 302 \times 100 = 80.13$

① $215 \div 271 \times 100 = 79.33$

② $57 \div 295 \times 100 = 19.32$

④ 2025년에는 전체 월평균 교통비가 감소했다.

⑤ 2025년에는 개인 월평균 교통비가 감소했다.

48 2025년의 가구 월평균 소비지출은 얼마인가?

① 2,572,000원

② 2,573,000원

③ 2,574,000원

④ 2,575,000원

⑤ 2,576,000원

 가구 월평균 소비지출 중 교통비가 차지하는 비율이 교통비 지출율이므로 이를 이용해서 2025년 가구 월평균 소비지출을 구할 수 있다.

2025년 가구 월평균 소비지출 $= \dfrac{322{,}000}{0.125} = 2{,}576{,}000$원

49 다음은 OECD 가입 국가별 공공도서관을 비교한 표이다. 다음 중 바르게 설명한 것을 고르면?

국명	인구수	도서관수	1관당 인구수	장서수	1인당 장서수	기준년도
한국	49,268,928	607	81,168	54,450,217	1.11	2025
미국	299,394,900	9,198	31,253	896,786,000	3.1	2023
영국	59,855,742	4,549	13,158	107,654,000	1.8	2023
일본	127,998,984	3,111	41,144	356,710,000	2.8	2024
프랑스	60,798,563	4,319	14,077	152,159,000	2.51	2023
독일	82,505,220	10,339	7,980	125,080,000	1.5	2023

> ㉠ 2025년 우리나라 공공도서관 수는 607개관으로 8만 1천명 당 1개관 수준으로 국제 간 비교 도서관 수와 이용자 서비스의 수준이 떨어진다.
> ㉡ 우리나라의 1관당 인구수가 미국 대비 약 2.5배, 일본 대비 약 2배로 도서관 수가 OECD 선진국 대비 현저히 부족하다.
> ㉢ 우리나라의 도서관수는 현재 미국이나, 일본의 2분의 1 수준이나 영국 등과는 비슷한 수준이다.
> ※ 단, 수치는 백의 자리에서 버림, 소수 둘째자리에서 반올림한다.

① ㉠, ㉢
② ㉠, ㉡
③ ㉡, ㉢
④ ㉡, ㉣
⑤ ㉢, ㉣

 ㉢ 미국이나 일본의 2분의 1 수준에도 미치지 못한다.

50 다음 제시된 〈도표〉는 외국인 직접투자의 '투자건수 비율'과 '투자금액 비율'을 투자규모에 따라 정리한 자료이다. 이에 대한 설명으로 옳은 것을 고르면?

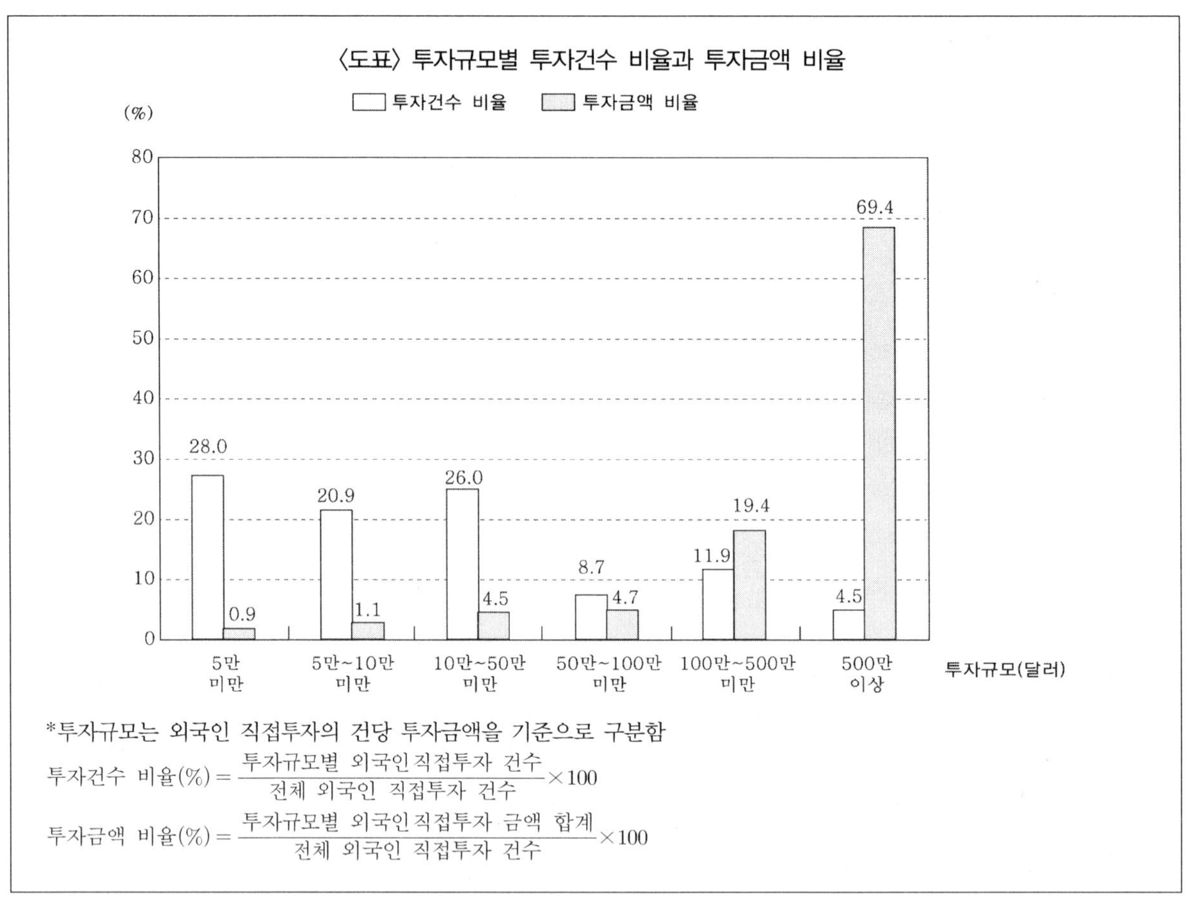

*투자규모는 외국인 직접투자의 건당 투자금액을 기준으로 구분함

$$투자건수\ 비율(\%) = \frac{투자규모별\ 외국인\ 직접투자\ 건수}{전체\ 외국인\ 직접투자\ 건수} \times 100$$

$$투자금액\ 비율(\%) = \frac{투자규모별\ 외국인\ 직접투자\ 금액\ 합계}{전체\ 외국인\ 직접투자\ 건수} \times 100$$

① 투자규모가 50만 달러 미만인 투자건수 비율은 75% 이상이다.

② 투자규모가 100만 달러 이상인 투자금액 비율은 85% 이하이다.

③ 투자규모가 100만 달러 이상인 투자건수는 5만 달러 미만의 투자건수보다 적다.

④ 투자규모가 100만 달러 이상인 투자건수는 전체 외국인 직접 투자건수의 25% 이상이다.

⑤ 투자규모가 100만 달러 이상 500만 달러 미만인 투자금액 비율은 50만 달러 미만의 투자금액 비율보다 적다.

 ③ 100만 달러 이상의 투자건수 비율은 16.4%(= 11.9 + 4.5), 5만 달러 미만의 투자건수 비율 28%보다 작다.
① 투자규모가 50만 달러 미만인 투자건수 비율은 74.9%(= 28 + 20.9 + 26)이다.
② 투자규모가 100만 달러 이상인 투자금액 비율은 88.8%(= 19.4 + 69.4)이다.
④ 100만 달러 이상의 투자건수 비율은 16.4%(= 11.9 + 4.5)이다.
⑤ 100만 달러 이상 500만 달러 미만인 투자금액 비율은 19.4%이고, 50만 달러 미만의 투자금액 비율은 6.5%(= 0.9 + 1.1 + 4.5)이다.

Answer   50.③

인성검사

▌1~50▐ 다음 주어진 문장을 보고 자신이 동의하는 정도에 따라 ① 전혀 그렇지 않다, ② 그렇지 않다, ③ 보통이다, ④ 그렇다, ⑤ 매우 그렇다를 선택하시오.

1

문항예시	전혀 그렇지 않다	그렇지 않다	보통이다	그렇다	매우 그렇다
① 작은 일이라도 쉽게 결정하는 것은 어리석다.	①	②	③	④	⑤
② 타인의 의견에서 중요한 힌트를 자주 얻는다.	①	②	③	④	⑤

2

문항예시	전혀 그렇지 않다	그렇지 않다	보통이다	그렇다	매우 그렇다
① 자신의 생각과 행동을 신뢰하는 편이다.	①	②	③	④	⑤
② 반대의견은 참고의 대상일 뿐이다.	①	②	③	④	⑤

3

문항예시	전혀 그렇지 않다	그렇지 않다	보통이다	그렇다	매우 그렇다
① 운동을 즐기는 편이다.	①	②	③	④	⑤
② 땀 흘리는 것을 싫어한다.	①	②	③	④	⑤

4

문항예시	전혀 그렇지 않다	그렇지 않다	보통이다	그렇다	매우 그렇다
① 순간 떠오르는 아이디어를 자주 활용한다.	①	②	③	④	⑤
② 객관적 분석없이 일을 진행하는 것은 어리석다.	①	②	③	④	⑤

5

문항예시	전혀 그렇지 않다	그렇지 않다	보통이다	그렇다	매우 그렇다
① 상상력과 호기심이 많은 편이다.	①	②	③	④	⑤
② 판타지 영화, 가상의 세계가 매우 흥미롭다.	①	②	③	④	⑤

6

문항예시	전혀 그렇지 않다	그렇지 않다	보통이다	그렇다	매우 그렇다
① 논쟁할 때 자신보다 타인의 주장에 신경쓴다.	①	②	③	④	⑤
② 논쟁할 때 상대방의 입장을 이해하려고 애쓴다.	①	②	③	④	⑤

7

문항예시	전혀 그렇지 않다	그렇지 않다	보통이다	그렇다	매우 그렇다
① 지저분한 책상에서는 공부가 안 된다.	①	②	③	④	⑤
② 자신의 방의 물건은 항상 제자리에 있어야 한다.	①	②	③	④	⑤

8

문항예시	전혀 그렇지 않다	그렇지 않다	보통이다	그렇다	매우 그렇다
① 자신이 하찮게 느껴질 때가 많다.	①	②	③	④	⑤
② 자신이 자랑스러운 적이 많다.	①	②	③	④	⑤

9

문항예시	전혀 그렇지 않다	그렇지 않다	보통이다	그렇다	매우 그렇다
① 입사시험을 제대로 치를 수 있을 지 걱정된다.	①	②	③	④	⑤
② 입사 후에 제대로 적응할 수 있을지 걱정된다.	①	②	③	④	⑤

10

문항예시	전혀 그렇지 않다	그렇지 않다	보통이다	그렇다	매우 그렇다
① 창의적인 분야에 도전해 보고 싶다.	①	②	③	④	⑤
② 창조성이 떨어지는 편이다.	①	②	③	④	⑤

11

문항예시	전혀 그렇지 않다	그렇지 않다	보통이다	그렇다	매우 그렇다
① 정형화된 업무방식을 선호한다.	①	②	③	④	⑤
② 창의와 혁신은 위험이 많이 따른다고 생각한다.	①	②	③	④	⑤

12

문항예시	전혀 그렇지 않다	그렇지 않다	보통이다	그렇다	매우 그렇다
① 친구들에게 모욕을 당하면 화가 난다.	①	②	③	④	⑤
② 남이 자신에게 화를 낼 수도 있다고 생각한다.	①	②	③	④	⑤

13

문항예시	전혀 그렇지 않다	그렇지 않다	보통이다	그렇다	매우 그렇다
① 나에게 꼭 필요한 사람들만 만나고 싶다.	①	②	③	④	⑤
② 모든 사람에게 잘할 필요는 없다.	①	②	③	④	⑤

14

문항예시	전혀 그렇지 않다	그렇지 않다	보통이다	그렇다	매우 그렇다
① 절제력이 약한 편이다.	①	②	③	④	⑤
② 자기 컨트롤에 능한 편이다.	①	②	③	④	⑤

15

문항예시	전혀 그렇지 않다	그렇지 않다	보통이다	그렇다	매우 그렇다
① 인정받기 위해 애쓴다.	①	②	③	④	⑤
② 자신의 능력을 타인에게 보여주고 싶다.	①	②	③	④	⑤

16

문항예시	전혀 그렇지 않다	그렇지 않다	보통이다	그렇다	매우 그렇다
① 공부든, 일이든 노력한 만큼 보상받지 못했다.	①	②	③	④	⑤
② 노력한 만큼 그 결과가 반드시 따라왔다.	①	②	③	④	⑤

17

문항예시	전혀 그렇지 않다	그렇지 않다	보통이다	그렇다	매우 그렇다
① 이성 교제 경험이 많은 편이다.	①	②	③	④	⑤
② 한 이성을 오랫동안 사귀는 편이다.	①	②	③	④	⑤

18

문항예시	전혀 그렇지 않다	그렇지 않다	보통이다	그렇다	매우 그렇다
① 자신이 혼자라서 외롭다고 느낄 때가 있다.	①	②	③	④	⑤
② 죽음을 생각한 적이 있다.	①	②	③	④	⑤

19

문항예시	전혀 그렇지 않다	그렇지 않다	보통이다	그렇다	매우 그렇다
① 기분이 가라앉을 때가 많다.	①	②	③	④	⑤
② 현실은 죽음과 고통이 많은 슬픈 곳이다.	①	②	③	④	⑤

20

문항예시	전혀 그렇지 않다	그렇지 않다	보통이다	그렇다	매우 그렇다
① 강요당하는 것을 싫어한다.	①	②	③	④	⑤
② 관습을 타파해야 발전할 수 있다.	①	②	③	④	⑤

21

문항예시	전혀 그렇지 않다	그렇지 않다	보통이다	그렇다	매우 그렇다
① 우연은 없다고 생각한다.	①	②	③	④	⑤
② 보이지 않는 힘이 자신의 인생을 좌우한다.	①	②	③	④	⑤

22

문항예시	전혀 그렇지 않다	그렇지 않다	보통이다	그렇다	매우 그렇다
① 자신의 종교사상이 진리라고 생각한다.	①	②	③	④	⑤
② 타인의 종교에 대해서 배타적인 편이다.	①	②	③	④	⑤

23

문항예시	전혀 그렇지 않다	그렇지 않다	보통이다	그렇다	매우 그렇다
① 보이지 않는 것은 믿을 수 없다.	①	②	③	④	⑤
② 합리적인 이성에 의해 세상은 모두 설명된다.	①	②	③	④	⑤

24

문항예시	전혀 그렇지 않다	그렇지 않다	보통이다	그렇다	매우 그렇다
① 이유없이 자신을 때린다면 즉시 반격할 것이다.	①	②	③	④	⑤
② 자신이 타인에게 공격당해도 참는다.	①	②	③	④	⑤

25

문항예시	전혀 그렇지 않다	그렇지 않다	보통이다	그렇다	매우 그렇다
① 주위의 모든 학생이 경쟁자였다.	①	②	③	④	⑤
② 자기 자신과의 싸움을 즐긴다.	①	②	③	④	⑤

26

문항예시	전혀 그렇지 않다	그렇지 않다	보통이다	그렇다	매우 그렇다
① 성공하고 싶다.	①	②	③	④	⑤
② 발전하지 않으면 실패할 것이다.	①	②	③	④	⑤

27

문항예시	전혀 그렇지 않다	그렇지 않다	보통이다	그렇다	매우 그렇다
① 세상은 아름다운 곳이다.	①	②	③	④	⑤
② 삶의 즐거움을 느낄 때가 많다.	①	②	③	④	⑤

28

문항예시	전혀 그렇지 않다	그렇지 않다	보통이다	그렇다	매우 그렇다
① 작은 일도 많이 고심한 후에 결정한다.	①	②	③	④	⑤
② 쉽게 결정해버리면 실패할 것이다.	①	②	③	④	⑤

29

문항예시	전혀 그렇지 않다	그렇지 않다	보통이다	그렇다	매우 그렇다
① 계획적인 삶이야말로 이상적인 삶이다.	①	②	③	④	⑤
② 계획하지 않은 일이 일어나면 당황스럽다.	①	②	③	④	⑤

30

문항예시	전혀 그렇지 않다	그렇지 않다	보통이다	그렇다	매우 그렇다
① 보고서 작성 시 하나의 오타도 용납할 수 없다.	①	②	③	④	⑤
② 완벽한 일처리를 위해 노력한다.	①	②	③	④	⑤

31

문항예시	전혀 그렇지 않다	그렇지 않다	보통이다	그렇다	매우 그렇다
① 더러운 사람이 매우 싫다.	①	②	③	④	⑤
② 너무 깔끔하게 할 필요는 없다.	①	②	③	④	⑤

32

문항예시	전혀 그렇지 않다	그렇지 않다	보통이다	그렇다	매우 그렇다
① 친구들이 자신을 싫어하는 편이다.	①	②	③	④	⑤
② 사람들이 자신을 싫어하지만 내색하지 않는다.	①	②	③	④	⑤

33

문항예시	전혀 그렇지 않다	그렇지 않다	보통이다	그렇다	매우 그렇다
① 팀워크보다 개개인의 능력 발휘가 더 중요하다.	①	②	③	④	⑤
② 팀프로젝트에서 가장 중요한 것은 팀워크다.	①	②	③	④	⑤

34

문항예시	전혀 그렇지 않다	그렇지 않다	보통이다	그렇다	매우 그렇다
① 낯선 사람과 대화할 때 부끄러움을 느낀다.	①	②	③	④	⑤
② 낯선 사람에게 길을 물어보기가 꺼려진다.	①	②	③	④	⑤

35

문항예시	전혀 그렇지 않다	그렇지 않다	보통이다	그렇다	매우 그렇다
① 자신이 가진 조건이 실망스럽다.	①	②	③	④	⑤
② 더 나은 삶을 살고 싶다.	①	②	③	④	⑤

36

문항예시	전혀 그렇지 않다	그렇지 않다	보통이다	그렇다	매우 그렇다
① 입사시험에서 합격할 것 같다.	①	②	③	④	⑤
② 입사시험에 합격하기 어려울 것 같다.	①	②	③	④	⑤

37

문항예시	전혀 그렇지 않다	그렇지 않다	보통이다	그렇다	매우 그렇다
① 자신의 감정을 잘 표현하지 않는 편이다.	①	②	③	④	⑤
② 감정을 무조건 절제만 하는 것은 좋지 않다.	①	②	③	④	⑤

38

문항예시	전혀 그렇지 않다	그렇지 않다	보통이다	그렇다	매우 그렇다
① 말수가 적은 편이다.	①	②	③	④	⑤
② 지인들과 대화를 많이 하는 편이다.	①	②	③	④	⑤

39

문항예시	전혀 그렇지 않다	그렇지 않다	보통이다	그렇다	매우 그렇다
① 다수의 의견을 존중해야 한다.	①	②	③	④	⑤
② 모두 찬성해도 자신만 반대의견을 낼 수 있다.	①	②	③	④	⑤

40

문항예시	전혀 그렇지 않다	그렇지 않다	보통이다	그렇다	매우 그렇다
① 승부근성이 강한 편이다.	①	②	③	④	⑤
② 타인과의 경쟁에 크게 관심이 없다.	①	②	③	④	⑤

41

문항예시	전혀 그렇지 않다	그렇지 않다	보통이다	그렇다	매우 그렇다
① 악의를 가지고 거짓말 한 적이 없다.	①	②	③	④	⑤
② 잘못을 감추기 위해 거짓말을 할 수 있다.	①	②	③	④	⑤

42

문항예시	전혀 그렇지 않다	그렇지 않다	보통이다	그렇다	매우 그렇다
① 정직한 사람은 어디서든 성공할 것이다.	①	②	③	④	⑤
② 상황에 따라서 적당한 거짓말도 필요하다.	①	②	③	④	⑤

43

문항예시	전혀 그렇지 않다	그렇지 않다	보통이다	그렇다	매우 그렇다
① 결혼식 때 친구들이 많이 올 것이다.	①	②	③	④	⑤
② 평소에 친구들을 많이 만나는 편이다.	①	②	③	④	⑤

44

문항예시	전혀 그렇지 않다	그렇지 않다	보통이다	그렇다	매우 그렇다
① 싫어하는 사람이 없다.	①	②	③	④	⑤
② 특별히 싫은 유형의 사람이 있다.	①	②	③	④	⑤

45

문항예시	전혀 그렇지 않다	그렇지 않다	보통이다	그렇다	매우 그렇다
① 지인의 사소한 충고도 신경 쓰인다.	①	②	③	④	⑤
② 타인의 말이 마음에 남을 때가 많다.	①	②	③	④	⑤

46

문항예시	전혀 그렇지 않다	그렇지 않다	보통이다	그렇다	매우 그렇다
① 흐린 날에는 반드시 우산을 가지고 간다.	①	②	③	④	⑤
② 중요한 일은 밤을 새워서 준비한다.	①	②	③	④	⑤

47

문항예시	전혀 그렇지 않다	그렇지 않다	보통이다	그렇다	매우 그렇다
① 타인의 생명을 위해 목숨을 내놓을 수 있다.	①	②	③	④	⑤
② 뉴스의 대형사고 소식을 접하면 안타깝다.	①	②	③	④	⑤

48

문항예시	전혀 그렇지 않다	그렇지 않다	보통이다	그렇다	매우 그렇다
① 불합리한 일을 당해도 참는 것이 좋다.	①	②	③	④	⑤
② 상사가 사적인 일을 지시해도 수행한다.	①	②	③	④	⑤

49

문항예시	전혀 그렇지 않다	그렇지 않다	보통이다	그렇다	매우 그렇다
① 특별히 열정을 가지고 하는 일이 있다.	①	②	③	④	⑤
② 가끔 자신의 삶이 무미건조하게 느껴진다.	①	②	③	④	⑤

50

문항예시	전혀 그렇지 않다	그렇지 않다	보통이다	그렇다	매우 그렇다
① 특별한 취미가 없다.	①	②	③	④	⑤
② 일을 하느라고 취미생활을 할 여유가 없다.	①	②	③	④	⑤

인성검사 유형2

▮1~50▮ ㈎에 가까울수록 ①에 가깝게, ㈏에 가까울수록 ⑤에 가깝게 응답하시오.

1

㈎에 가까울수록 　　　　　　　　　　　　　　　　　　　　　　　㈏에 가까울수록

①	②	③	④	⑤

㈎ 다른 사람을 욕한 적이 한 번도 없다. 　　　㈏ 다른 사람에게 어떻게 보일지 신경을 쓴다.

2

㈎에 가까울수록 　　　　　　　　　　　　　　　　　　　　　　　㈏에 가까울수록

①	②	③	④	⑤

㈎ 그다지 융통성이 있는 편이 아니다 　　　㈏ 다른 사람이 내 의견에 간섭하는 것이 싫다.

3

㈎에 가까울수록 　　　　　　　　　　　　　　　　　　　　　　　㈏에 가까울수록

①	②	③	④	⑤

㈎ 기회가 있으면 꼭 얻는 편이다. 　　　㈏ 단념하는 것은 있을 수 없다.

4

㈎에 가까울수록 　　　　　　　　　　　　　　　　　　　　　　　㈏에 가까울수록

①	②	③	④	⑤

㈎ 더 높은 능력이 요구되는 일을 하고 싶다. 　　　㈏ 새로운 사람을 만날 때는 두근거린다.

5

(가)에 가까울수록   (나)에 가까울수록

①	②	③	④	⑤

(가) 한 우물만 파고 싶다.   (나) 스트레스를 해소하기 위해 몸을 움직인다.

6

(가)에 가까울수록   (나)에 가까울수록

①	②	③	④	⑤

(가) 사교성이 있는 편이라고 생각한다.   (나) 모르는 것이 있어도 행동하면서 생각한다.

7

(가)에 가까울수록   (나)에 가까울수록

①	②	③	④	⑤

(가) 이론만 내세우는 사람과 대화하면 짜증이 난다.   (나) 상처를 주는 것도, 받는 것도 싫다.

8

(가)에 가까울수록   (나)에 가까울수록

①	②	③	④	⑤

(가) 친구를 재미있게 하는 것을 좋아한다.   (나) 아침부터 아무것도 하고 싶지 않을 때가 있다.

9

(가)에 가까울수록   (나)에 가까울수록

①	②	③	④	⑤

(가) 활동력이 있는 편이다.   (나) 많은 사람들과 왁자지껄하게 식사하는 것을 좋아하지 않는다.

10

(가)에 가까울수록   (나)에 가까울수록

①	②	③	④	⑤

(가) 하나의 취미에 열중하는 타입이다.   (나) 모임에서 회장에 어울린다고 생각한다.

11

(가)에 가까울수록   (나)에 가까울수록

①	②	③	④	⑤

(가) 학급에서는 존재가 희미했다.   (나) 항상 무언가를 생각하고 있다.

12

(가)에 가까울수록   (나)에 가까울수록

①	②	③	④	⑤

(가) 흐린 날은 반드시 우산을 가지고 간다.   (나) 주연상을 받을 수 있는 배우를 좋아한다.

13

①	②	③	④	⑤

(가) 밤길에는 발소리가 들리기만 해도 불안하다.   (나) 상냥하다는 말을 들은 적이 있다.

14

①	②	③	④	⑤

(가) 나는 영업에 적합한 타입이라고 생각한다.   (나) 술자리에서 술을 마시지 않아도 흥을 돋울 수 있다.

15

①	②	③	④	⑤

(가) 자기 주장이 강한 편이다.   (나) 뒤숭숭하다는 말을 들은 적이 있다.

16

①	②	③	④	⑤

(가) 사려 깊은 편이다.   (나) 몸을 움직이는 것을 좋아한다.

17

①	②	③	④	⑤

(가) 인생의 목표는 큰 것이 좋다.   (나) 어떤 일이라도 바로 시작하는 타입이다.

18

(가)에 가까울수록   (나)에 가까울수록

①	②	③	④	⑤

(가) 쉬는 날은 밖으로 나가는 경우가 많다.   (나) 시작한 일은 반드시 완성시킨다.

19

(가)에 가까울수록   (나)에 가까울수록

①	②	③	④	⑤

(가) 자신을 끈기 있는 사람이라고 생각한다.   (나) 좋다고 생각하더라도 좀 더 검토하고 나서 실행한다.

20

(가)에 가까울수록   (나)에 가까울수록

①	②	③	④	⑤

(가) 사람과 만날 약속은 부담스럽다.   (나) 질문을 받으면 충분히 생각하고 나서 대답하는 편이다.

21

(가)에 가까울수록   (나)에 가까울수록

①	②	③	④	⑤

(가) 감정적인 사람이라고 생각한다.   (나) 자신만의 신념을 가지고 있다.

22

(개)에 가까울수록   (나)에 가까울수록

①	②	③	④	⑤

(개) 나를 싫어하는 사람이 없다.   (나) 대재앙이 오지 않을까 항상 걱정을 한다.

23

(개)에 가까울수록   (나)에 가까울수록

①	②	③	④	⑤

(개) 문제점을 해결하기 위해 여러 사람과 상의한다.   (나) 내 방식대로 일을 한다.

24

(개)에 가까울수록   (나)에 가까울수록

①	②	③	④	⑤

(개) 사소한 충고에도 걱정을 한다.   (나) 자신은 도움이 안 되는 사람이라고 생각한다.

25

(개)에 가까울수록   (나)에 가까울수록

①	②	③	④	⑤

(개) 금세 무기력해지는 편이다.   (나) 비교적 고분고분한 편이라고 생각한다.

26

(개)에 가까울수록   (나)에 가까울수록

①	②	③	④	⑤

(개) 금방 감격하는 편이다.   (나) 어떤 것에 대해서는 불만을 가진 적이 없다.

(가)에 가까울수록   (나)에 가까울수록

①	②	③	④	⑤

(가) 조금이라도 나쁜 소식은 절망의 시작이라고 생각해   (나) 언제나 실패가 걱정이 되어 어쩔 줄 모른다.
　　버린다.

28

(가)에 가까울수록   (나)에 가까울수록

①	②	③	④	⑤

(가) 승부근성이 강하다.   (나) 자주 흥분해서 침착하지 못한다.

29

(가)에 가까울수록   (나)에 가까울수록

①	②	③	④	⑤

(가) 무엇이든지 자기가 나쁘다고 생각하는 편이다.   (나) 자신을 변덕스러운 사람이라고 생각한다.

30

(가)에 가까울수록   (나)에 가까울수록

①	②	③	④	⑤

(가) 금방 흥분하는 성격이다.   (나) 거짓말을 한 적이 없다.

31

(가)에 가까울수록 (나)에 가까울수록

①	②	③	④	⑤

(가) 외출시 문을 잠갔는지 몇 번을 확인한다.   (나) 이왕 할 거라면 일등이 되고 싶다.

32

(가)에 가까울수록 (나)에 가까울수록

①	②	③	④	⑤

(가) 무심코 도리에 대해서 말하고 싶어진다.   (나) '항상 건강하네요.'라는 말을 듣는다.

33

(가)에 가까울수록 (나)에 가까울수록

①	②	③	④	⑤

(가) 체험을 중요하게 여기는 편이다.   (나) 도리를 판별하는 사람을 좋아한다.

34

(가)에 가까울수록 (나)에 가까울수록

①	②	③	④	⑤	⑤

(가) 현실적인 편이다.   (나) 생각날 때 물건을 산다.

35

(가)에 가까울수록 (나)에 가까울수록

①	②	③	④	⑤

(가) 재미있는 것을 추구하는 경향이 있다.   (나) 어려움에 처해 있는 사람을 보면 원인을 생각한다.

36

(나)에 가까울수록

(가)에 가까울수록

①	②	③	④	⑤

(가) 연구는 이론체계를 만들어 내는 데 의의가 있다.　　(나) 규칙을 벗어나서까지 사람을 돕고 싶지 않다.

37

(가)에 가까울수록

①	②	③	④	⑤

(가) 뜨거워지기 쉽고 식기 쉽다.　　　　　　(나) 자신만의 세계를 가지고 있다.

38

(가)에 가까울수록

①	②	③	④	⑤

(가) 인생을 포기하는 마음을 가진 적이 한 번도 없다.　　(나) 어두운 성격이다.

39

(가)에 가까울수록

①	②	③	④	⑤

(가) 무리한 도전을 할 필요는 없다고 생각한다.　　(나) 남의 앞에 나서는 것을 잘 하지 못하는 편이다.

40

(가)에 가까울수록

①	②	③	④	⑤

(가) 유연히 대응하는 편이다.　　　　　　(나) 휴일에는 집 안에서 편안하게 있을 때가 많다.

41

<table>
<tr><td>(가)에 가까울수록</td><td></td><td></td><td></td><td>(나)에 가까울수록</td></tr>
<tr><td>①</td><td>②</td><td>③</td><td>④</td><td>⑤</td></tr>
</table>

(가) 친구가 적은 편이다.   (나) 결론이 나도 여러 번 생각을 하는 편이다.

42

<table>
<tr><td>(가)에 가까울수록</td><td></td><td></td><td></td><td>(나)에 가까울수록</td></tr>
<tr><td>①</td><td>②</td><td>③</td><td>④</td><td>⑤</td></tr>
</table>

(가) 움직이지 않고 많은 생각을 하는 것이 즐겁다.   (나) 현실적이다.

43

<table>
<tr><td>(가)에 가까울수록</td><td></td><td></td><td></td><td>(나)에 가까울수록</td></tr>
<tr><td>①</td><td>②</td><td>③</td><td>④</td><td>⑤</td></tr>
</table>

(가) 파란만장하더라도 성공하는 인생을 걷고 싶다.   (나) 활기찬 편이라고 생각한다.

44

<table>
<tr><td>(가)에 가까울수록</td><td></td><td></td><td></td><td>(나)에 가까울수록</td></tr>
<tr><td>①</td><td>②</td><td>③</td><td>④</td><td>⑤</td></tr>
</table>

(가) 자신은 성급하다고 생각한다.   (나) 꾸준히 노력하는 타입이라고 생각한다.

45

<table>
<tr><td>(가)에 가까울수록</td><td></td><td></td><td></td><td>(나)에 가까울수록</td></tr>
<tr><td>①</td><td>②</td><td>③</td><td>④</td><td>⑤</td></tr>
</table>

(가) 생각했다고 해서 꼭 행동으로 옮기는 것은 아 (나) 목표 달성에 별로 구애받지 않는다.
    니다.

46

(가)에 가까울수록 　　　　　　　　　　　　　　　　　　　　　　　　　　　　　　　　　　　　　(나)에 가까울수록

①	②	③	④	⑤

(가) 활발한 사람이라는 말을 듣는 편이다.　　　　　　(나) 자주 기회를 놓치는 편이다.

47

(가)에 가까울수록 　　　　　　　　　　　　　　　　　　　　　　　　　　　　　　　　　　　　　(나)에 가까울수록

①	②	③	④	⑤

(가) 결과보다 과정이 중요하다.　　　　　　(나) 자기 능력의 범위 내에서 정확히 일을 하고 싶다.

48

(가)에 가까울수록 　　　　　　　　　　　　　　　　　　　　　　　　　　　　　　　　　　　　　(나)에 가까울수록

①	②	③	④	⑤

(가) 글을 쓸 때 미리 내용을 결정하고 나서 쓴다.　　　　　　(나) 여러 가지 일을 경험하고 싶다.

49

(가)에 가까울수록 　　　　　　　　　　　　　　　　　　　　　　　　　　　　　　　　　　　　　(나)에 가까울수록

①	②	③	④	⑤

(가) 하기 싫은 것을 하고 있으면 무심코 불만을 말한　　　(나) 투지를 드러내는 경향이 있다.
　　다.

50

(가)에 가까울수록 　　　　　　　　　　　　　　　　　　　　　　　　　　　　　　　　　　　　　(나)에 가까울수록

①	②	③	④	⑤

(가) 착한 사람이라는 말을 들을 때가 많다.　　　　　　(나) 자신을 다른 사람보다 뛰어나다고 생각한다.

면접의 이해

① 면접 목적

(1) 역량 검증

면접은 다양한 기법을 활용하여 지원자가 직무에 필요한 능력을 보유하고 있는지 확인하는 절차이다. 지원자는 직무 수행에 필요한 요건과 관련한 자신의 경험, 관심사, 성취 등을 기업에 직접 어필하고, 인사 담당자는 기업은 서류만으로는 알 수 없는 지원자의 정보를 직접적으로 판단하고 평가한다.

(2) 강점 어필

면접은 보통 대면으로 이루어지며, 즉흥적인 질문을 포함하기 때문에 지원자가 완벽하게 준비하기 어렵다. 그러나 지원자에게는 서류 전형에서 미처 보이지 못한 실제 외국어 능력이나 커뮤니케이션 능력, 비즈니스 매너 등을 인사 담당자에게 추가로 어필하는 기회가 될 수 있다.

(3) 가치관 및 태도 확인

지원자의 성실성, 책임감, 윤리 의식 등 기본적인 인성 요소를 종합적으로 판단한다. 위기 상황에서의 태도, 실패 경험에 대한 인식 등을 통해 가치관의 방향성을 확인한다. 이는 장기 근속 가능성과도 밀접하게 연결되는 평가 요소이다.

(4) 의사소통 능력 평가

면접은 질문을 이해하고 핵심을 구조화하여 전달하는 능력을 평가하는 과정이다. 논리 전개력, 표현의 명확성, 경청 태도 등을 종합적으로 본다. 특히 조직 내 보고·협업 환경에서 원활한 소통이 가능한지를 판단한다.

(5) 성장 가능성 탐색

현재 역량뿐 아니라 향후 발전 가능성을 함께 평가한다. 피드백 수용 태도, 자기 성찰 능력, 학습 의지를 통해 잠재력을 확인한다. 즉시 투입 가능한 인재와 동시에 장기적으로 성장할 수 있는 인재를 선별하고자 한다.

2 **평가 요소**

(1) 경험에 대한 이해와 성찰

면접 평가에서는 지원자가 제시한 경험 그 자체보다 해당 경험을 통해 무엇을 느꼈고 어떤 발전을 이루어냈는지가 더 중요하게 고려된다. 동일한 경험이라 하더라도 문제 인식의 깊이, 판단의 기준, 성찰 정도에 따라 평가가 달라질 수 있다.

(2) 태도와 잠재력

면접관은 지원자의 의사소통 방식, 질문에 대한 반응 등을 통해 협업 능력과 발전 의지를 파악한다. 완벽한 답변보다는 겸손하면서도 주도적인 자세, 피드백을 수용하는 열린 태도, 그리고 조직의 가치관과 부합하는 직업관을 가지고 있을 때 좋은 평가를 받을 수 있다.

(3) 직무 역량

지원 직무와 관련된 이해도, 문제 해결 능력, 실무 적용 가능성을 평가한다. 경험 기반 답변이 구체적일수록 높은 평가를 받을 가능성이 크다.

(4) 의사소통 능력

질문 의도를 정확히 이해하고 구조적으로 답변하는지를 본다. 논리 전개, 핵심 전달력, 태도의 안정성이 중요한 요소이다.

(5) 조직 적합성

기업 문화와의 조화 가능성을 평가한다. 협업 태도, 갈등 해결 방식, 규범 수용 태도 등이 관찰 대상이다.

(6) 태도 및 인성

자신감, 성실성, 책임감, 예의 등을 종합적으로 판단한다. 지나친 과장이나 방어적 태도는 감점 요인이 될 수 있다.

(7) 성장 가능성

현재 능력뿐 아니라 학습 의지와 발전 가능성을 함께 평가한다. 피드백 수용 태도와 자기 성찰 능력도 중요한 요소이다.

02 면접 준비

1 면접 전 준비 사항

(1) 복장 및 스타일

최근 면접 복장을 점차 자율화하는 추세지만, 인사 담당자와 처음으로 만나는 자리이므로 예의를 갖춰 단정하게 입는 것이 좋다.

- 깔끔한 셔츠나 블라우스에 슬랙스를 매치하는 것이 가장 무난하다. 여성의 경우 단정한 원피스도 좋은 선택지가 될 것이다.
- 너무 화려한 액세서리와 넥타이, 높은 구두는 피하는 것이 좋다.
- 헤어스타일 역시 복장의 일부이기에 단정하게 정돈한다. 앞머리가 있다면 눈을 가리지 않도록 정리한다. 여성의 경우 묶이지 않는 길이가 아니라면 깔끔하게 묶는 것을 권장한다.

(2) 조직 정보 확인

지원한 조직의 홈페이지에서 비전과 경영 목표 등을 미리 확인한다. 조직마다 지향점이 다르고, 그 지향점에 따라 지원자에게 바라는 인재상 또한 달라지기 때문이다. 조직에서 제시하는 핵심 가치나 인재상에 자신의 경험과 강점을 연결 지어 답변할 수 있도록 준비한다.

(3) 시간 준수

예절의 기본은 시간이다. 지각할 경우 면접에 응시할 수 없거나 불이익을 받을 가능성이 높다. 면접 시간과 장소가 결정되면 가장 먼저 교통편과 소요 시간을 미리 확인하도록 한다. 가능하면 사전에 방문해 본다. 면접 당일 여유를 가지고 20 ~ 30분 전에 도착하는 것이 좋다.

(4) 지원서와 자기소개서 숙지

인성 면접은 지원서와 자기소개서에 관한 내용을 바탕으로 진행하기 마련이다. 그러므로 작성했던 지원서와 자기소개서를 사전에 충분히 숙지하도록 한다. 특히 자신이 작성한 경험이나 성과에 대해 '왜 그렇게 했는지', '그 과정에서 무엇을 배웠는지' 등의 세부 내용을 명확히 알고 있어야 꼬리 질문에 대비할 수 있다.

(5) 최신 뉴스와 시사상식 파악

사회 이슈에 대한 견해나 시사상식에 관한 질문에 대비하기 위해, 지원한 분야와 관련된 최신 뉴스와 시사상식을 알아 두는 것이 좋다. 이런 부분에서 해당 조직에 대한 관심, 입사 의지, 직무 이해도 등을 보일 수 있다.

(6) 예상 질문 및 답변 준비

사전에 다빈도 기출 질문 리스트를 만들고 예상 답변을 정리해 본다. 다소 긴장한 상태에서도 자연스럽게 답할 수 있도록 반복해서 연습한다. 거울을 보며 말하거나 답변하는 자신의 모습을 동영상으로 촬영해 보는 것도 도움이 될 수 있다.

(7) 면접 점검표

점검사항	확인
① 면접 장소를 확인했다.	
② 면접 장소까지의 교통편과 소요 시간을 확인했다.	
③ 지원한 조직의 비전과 목표를 확인했다.	
④ 지원한 조직의 인재상을 확인했다.	
⑤ 면접 자리에 알맞은 복장을 준비했다.	
⑥ 헤어스타일을 단정하게 정돈했다.	
⑦ 지원서와 자기소개서를 숙지했다.	
⑧ 지원한 조직의 보도 자료를 확인했다.	
⑨ 지원 분야와 관련된 최신 뉴스를 확인했다.	
⑩ 지원 분야와 관련된 시사상식을 숙지했다.	
⑪ 다빈도 기출 질문 리스트를 만들고 예상 답변을 정리했다.	

❷ 면접 중 유념 사항

(1) 자세

① 인사를 할 때는 목만 숙인다거나 흐트러진 상태가 되지 않도록 주의한다.

② 걸을 때는 상체를 곧게 유지하고 발끝은 평행이 되게 하며 무릎은 스치듯 11자로 걷는다. 보폭은 어깨너비만큼이 적당하지만, 스커트를 입은 경우 보폭을 줄인다.

③ 서 있을 때는 팔을 자연스럽게 내리고 양손을 가볍게 쥐어 바지 옆선에 붙인다. 스커트를 입은 경우 공수 자세를 유지한다.

④ 앉아 있을 때 시선은 정면을 바라보며 턱은 가볍게 당기고 미소를 짓는다.

⑤ 앉고 일어날 때는 자세가 흐트러지지 않도록 의식해서 행동한다.

(2) 언어적 표현

① 인사말을 할 때는 밝고 친근감 있는 목소리로 또박또박 발성하며, 이름과 응시직렬, 수험번호 등을 간략하게 소개한다.

② 면접은 면접관과 지원자가 서로 이야기를 나누는 과정이므로 목소리가 미치는 영향력이 상당히 크다. 때문에 적절한 답변을 하더라도 자신감 없는 작은 목소리나 콧소리를 동반하면 신뢰감이 떨어질 수 있다. 부드러우면서 명확한 목소리를 유지하는 것이 바람직하다.

(3) 비언어적 표현

① 표정은 감정을 가장 잘 표현할 수 있는 의사소통 도구이며, 면접에서 지원자의 첫인상을 결정하는 중요한 요소 중 하나이다. 따라서 면접 중에는 밝은 표정으로 미소를 지어 호감을 형성할 수 있도록 한다.

② 시선은 면접관과 고르게 맞추고 생기 있는 눈빛을 띠도록 한다. 인사 시에는 상대방의 눈을 보며 하는 것이 가장 중요하지만, 너무 빤히 쳐다본다는 느낌이 들지 않도록 주의한다.

3 **면접관의 감점 포인트**

(1) 질문 의도 파악 실패

질문과 무관한 답변을 장황하게 이어가는 경우 감점 요인이 된다. 면접은 말하기 시험이 아니라 질문에 정확히 답하는 능력을 평가하는 과정이다. 질문의 핵심을 파악하지 못하면 직무 이해도와 사고력에 대한 신뢰가 낮아질 수 있다.

(2) 경험의 구체성 부족

추상적인 표현이나 일반론적 답변은 실제 역량 검증이 어렵다. 열심히 했다, 최선을 다했다와 같은 표현은 설득력이 낮다. 구체적인 상황·행동·결과가 제시되지 않으면 직무 수행 가능성에 의문이 생길 수 있다.

(3) 책임 회피형 태도

실패 경험을 설명하면서 타인이나 환경 탓으로 돌리는 태도는 부정적으로 평가된다. 조직은 완벽한 인재보다, 문제를 인식하고 개선하는 인재를 선호한다. 책임을 인정하고 학습한 점을 제시하지 못하면 성장 가능성 점수가 낮아질 수 있다.

(4) 과도한 자기 연출

지나치게 이상적이거나 완벽한 모습만을 강조하면 진정성이 의심될 수 있다. 실제 경험과 동떨어진 과장된 답변은 추가 질문에서 쉽게 드러난다. 완벽한 사람보다 예측 가능한 사람을 선호한다는 점을 이해해야 한다.

(5) 비언어적 태도의 불안정성

시선 처리, 표정, 자세, 말의 속도는 신뢰감 형성에 영향을 미친다. 과도한 긴장으로 인한 급한 말투나 불안정한 태도는 준비 부족으로 해석될 수 있다. 안정된 자세와 일정한 말하기 속도는 내용 이상의 평가 요소가 된다.

면접 답변 구조

① STAR

(1) 정의 및 특징

상황과 경험 면접에서 주로 사용한다. 어려운 상황을 극복했던 경험, 갈등을 중재했던 경험 등을 묻는 질문에 답하기 좋다.

상황(situation) 계기나 상황	→	업무(task) 맡은 업무	→	실행(action) 실행한 사례	→	결과(result) 실행의 결과

(2) 질문 답변 예시

> Q. 가장 힘들었던 때와 그때를 극복해 낸 경험을 말해 보십시오.

① S : 고등학교 이 학년 때 동아리 회장직을 맡게 되었습니다. 그런데 내부 갈등으로 인원과 예산이 줄어 동아리를 폐쇄해야 할 위기에 직면했습니다.

   TIP 당시 상황과 맥락을 들어 사건의 시발점을 간결하게 제시한다.

② T : 저는 동아리 재건에 도전하기로 마음먹었습니다. 동아리 활성화를 위해 가장 중요한 것은 사람이라고 생각했고, 새로운 동아리 회원을 모집하고자 했습니다.

   TIP 주어진 책임이나 목표를 언급하며, 해결해야 했던 핵심 과제 또는 맡은 업무를 중심으로 답변한다.

③ A : 그래서 동아리 홍보 포스터를 만들어 일 학년 게시판이나 복도에 중심적으로 게시하고, 점심시간과 쉬는 시간에 선생님들께 양해를 얻어 일 학년 교실에서 동아리 홍보를 하기도 했습니다.

   TIP 중심이 되는 부분이므로 명확하게 전달한다. 문제 해결을 위해 취한 행동을 구체적으로 설명하며, 능동 표현을 사용하는 것이 좋다.

④ R : 그 결과 폐쇄 위기였던 저희 동아리는 일 년 만에 학교에서 신입생이 가장 많은 동아리가 되었고, 이후 다양한 활동을 하며 동아리를 활성화했습니다. 이 경험으로 문제 해결을 위해 주도적으로 행동하는 자세의 중요성을 배울 수 있었습니다.

   TIP 구체적인 성과를 언급하며 마무리한다. 가능하다면 수치나 객관적 지표를 제시하는 것이 효과적이다. 배운 점 또는 느낀 점을 덧붙이면 더 좋은 인상을 남길 수 있다.

② SCAR

(1) 정의 및 특징

압박이나 개별 면접에서 주로 사용한다. 갈등이나 위기, 도전 경험을 설명하는 데 유용하게 사용할 수 있다.

상황(situation)		위기(crisis)		행동(action)		결과(result)
상황 설명	→	위기 상황	→	위기 해결 행동	→	행동의 결과

(2) 질문 답변 예시

> Q. 갈등 상황을 중재한 적이 있습니까? 있다면 경험을 말해 보십시오.

① S : 팀 프로젝트에서 자료 분석 방향을 두고 두 명이 서로 다른 해석을 주장하며 큰 의견 차이를 보인 적이 있었습니다.

  TIP 지원 분야와 관련한 전문적인 과제 및 업무 상황의 내용을 제시하면 유리하다.

② C : 가벼운 토의에서 시작했지만 분석 기준과 책임 범위를 두고 감정적인 논쟁으로까지 번졌고, 이에 따라 프로젝트가 무산될 위험까지 생겼습니다.

  TIP 위기 또는 갈등 상황을 구체적으로 설명한다. 예상되었던 부정적인 결과를 덧붙이면 상황의 심각성을 더욱 설득력 있게 전달할 수 있다.

③ A : 저는 우선 갈등 악화를 막기 위해 회의를 중단하고, 이후 중립적인 기준을 바탕으로 두 주장을 정리한 뒤, 타협안을 도출해서 다음 회의 때 제시했습니다.

  TIP 자신의 역할과 행동을 중심으로 답변한다. 가능한 경우 문제의 접근 방법과 합리적인 판단의 근거 등을 함께 설명하면 좋다.

④ R : 그 결과, 의견이 원만하게 통일되어 프로젝트에서 만족스러운 결과를 얻을 수 있었습니다. 저는 이를 통해 양측의 입장을 헤아려 합리적인 해결책을 제시하는 중재자의 역할을 경험했습니다.

  TIP 앞서 언급한 행동의 긍정적인 결과를 제시하고, 그로 인해 얻은 교훈이나 역량으로 마무리한다.

(1) 정의 및 특징

토론이나 발표 면접에서 주로 사용한다. 논리적인 이유와 실제 사례 및 데이터에 기반하므로 설득력 있는 주장을 펼칠 수 있다.

주장(point)	→	이유(reason)	→	사례(example)	→	주장(point)
주장 제시		논리적 이유		근거 보충		주장 강조

(2) 질문 답변 예시

> Q. 재택근무 제도에 대해 어떻게 생각하십니까?

① P : 저는 재택근무 제도에 찬성합니다. 재택근무를 확대하는 것이 조직의 발전에 도움이 된다고 생각합니다.

TIP 주장과 주장의 핵심이 되는 내용을 시작으로 답변을 전개한다. 짧고 간결한 표현을 사용하면 좋다.

② R : 업무 특성에 따라 유연한 근무 환경을 제공하면 직원들의 업무 집중도와 조직 전체의 효율성이 높아질 수 있기 때문입니다.

TIP 주관적인 판단보다는 주제를 객관적으로 파악하는 관점을 가지는 것이 좋다.

③ E : 실제로 근래에 많은 기업이 재택근무를 도입하기 시작했는데, 출퇴근 시간 단축과 자율적인 근무 환경으로 만족도와 생산성이 동시에 향상되었다는 조사 결과가 있었습니다.

TIP 근거와 직접적으로 연결되는 부연 설명을 덧붙인다. 연구 결과, 기사, 통계 등을 활용하면 신뢰성과 설득력을 높일 수 있다.

④ P : 그러므로 재택근무 제도를 적극 도입해 근무자의 업무 수행력을 높일 수 있도록 도와야 한다고 생각합니다.

TIP 마무리 단계에서 처음 주장을 반복함으로써 자신의 의견을 강조할 수 있다. 제안이나 기대 효과 등을 함께 언급하면 논리의 전문성을 높이는 데 도움이 된다.

 **OREO**

(1) 정의 및 특징

토론이나 발표 면접에서 주로 사용한다. 설득보다는 설명과 이해를 좀 더 중시한다는 특징이 있다.

주장(opinion) 주장 명시	→	이유(reason) 논리적 이유	→	예시(example) 구체적 예시	→	주장(opinion) 주장 강조

(2) 질문 답변 예시

> Q. 현재 동물 학대 처벌 수준에 대해 어떻게 생각하십니까?

① O : 저는 동물 학대에 대한 처벌을 크게 강화해야 한다고 생각합니다.

TIP 도입부에서 자신의 주장을 명확하게 제시한다. 추상적이거나 애매한 입장은 피하고 확실한 태도를 갖는 편이 더욱 신뢰감을 줄 수 있다.

② R : 동물 또한 감정과 고통을 가진 존재이기 때문에 윤리적으로 충분히 보호받아야 할 필요가 있습니다. 그러나 현행 처벌 수준으로는 동물 학대의 실질적인 억제 효과가 부족합니다.

TIP 의견을 뒷받침하는 논리적 근거를 중심으로 답변한다. 이때 주장과 이유의 인과관계를 분명히 하여, 타당하고 듣는 이가 납득하기 쉽게 구성하는 것이 좋다.

③ E : 일부 국가에서는 동물 학대에 대한 처벌을 강화한 후, 관련 범죄가 감소하고 동물 복지 의식이 높아졌다는 보고가 있습니다. 예를 들어, 독일은 헌법에 동물 보호를 명시하고 학대자에 대해 최대 3년의 징역형을 집행하면서, 동물 학대가 매우 드문 국가가 된 사례가 있습니다.

TIP 구체적인 사례나 통계를 제시하여 주장과 이유를 보다 자세히 설명한다. 이때 검증할 수 있고 신뢰가 가는 자료를 채택하는 것이 좋다.

④ O : 따라서 동물 학대에 대한 처벌을 대폭 강화해 실질적인 동물 복지를 개선하고 사회 전반의 윤리적 수준을 높여야 한다고 생각합니다.

TIP 핵심 의견을 다시 강조하며 마무리한다. 가능하다면 예상되는 결과나 미래 전망 등을 함께 언급해서 결론을 더 강조할 수 있다.

1 인성면접

(1) 평정 요소

① 대인관계능력

- 처음 만나는 사람과 쉽게 친해지는 편입니까?
- 생각이 다른 동료와 함께 일했을 때 어떻게 협업했습니까?
- 업무 중 동료와 갈등이 생긴다면 어떻게 하겠습니까?

㉠ 협조성과 갈등 중재 능력, 팀워크 등을 심사하는 질문이다. 인사 담당자로서는 동료들과 얼마나 원활한 관계를 형성하고 유지해 나가는지도 중요한 평정요소이다.

㉡ 대인관계능력은 의사소통에서 시작한다. 의사소통능력은 단순히 조리 있게 말을 잘 하는 것뿐만 아니라 경청하는 자세, 문서를 읽고 쓰는 능력, 기초 외국어 능력까지 포함한다.

② 자기계발능력

- 가장 힘들었던 때와 그때를 극복해 낸 경험을 말해 보십시오.
- 입사 후 전문성을 키우기 위해 어떤 자기 계발을 할 계획입니까?
- 새로운 업무 시스템이나 절차가 도입되었을 때 빠르게 이해하고 적응했던 경험이 있습니까?

㉠ 과거에 자기 계발을 했던 경험, 또는 입사 후 포부 등 다양한 형태로 질문한다.

㉡ 과거의 경험은 자신의 부족한 점이나 약점을 인식한 후 어떤 노력을 통해 극복했는지, 입사 후 포부는 자신의 부족한 점을 어떻게 더욱 개발할지를 묻는다.

③ 스트레스 관리

- 취미가 무엇입니까?
- 자신만의 스트레스 관리법이 있습니까?
- 평소 여가시간을 어떻게 보내는 편입니까?

㉠ 스트레스를 어떻게 관리하고 해소하는지를 통해 인사 담당자는 해당 지원자가 압박 상황에서 어떻게 대처하는지를 알 수 있다.

㉡ 취미나 여가 시간을 묻는 단순한 질문에도 자신의 직무 역량과 연결해 답하는 것이 중요하다.

④ 성실성

> • 장기간 꾸준히 노력했던 경험을 말씀해 주십시오.
> • 마감 기한이 축박했던 상황에서 어떻게 대응했는지 구체적으로 설명해 보십시오.
> • 반복적이고 단조로운 업무를 맡았을 때 어떻게 동기를 유지했습니까?

㉠ 성실하게 근무를 했었던 경험에 대해서 질문한다.

㉡ 장기 근속 여부 및 맡은 업무를 성실하게 할 수 있는 가를 중요하게 확인한다.

⑤ 책임감

> • 본인의 실수로 문제가 발생했던 경험과 그 해결 과정을 설명해 보십시오.
> • 팀 프로젝트에서 갈등이 발생했을 때 본인은 어떤 역할을 했습니까?
> • 맡은 역할 이상으로 추가적인 책임을 수행했던 경험이 있다면 말씀해 주십시오.

㉠ 업무에 책임감을 확인하는 평정요소이다.

㉡ 문제 해결을 한 경험에 대해서 빈번하게 묻는다.

⑥ 가치관 및 조직적합성

> • 조직 내에서 규정과 개인의 판단이 충돌한다면 어떻게 행동하시겠습니까?
> • 본인이 중요하게 생각하는 직장인의 덕목은 무엇입니까?
> • 상사의 지시가 본인의 생각과 다를 경우 어떻게 대응하겠습니까?

㉠ 가치관을 확인하는 질문을 하는 평정요소이다.

㉡ 인성검사 결과와 연관되는 질문을 빈번하게 하는 편이다.

⑦ 의사소통 태도 및 안정성

> • 본인의 의견이 받아들여지지 않았던 경험을 설명해 보십시오.
> • 예상치 못한 질문을 받았을 때 어떻게 대응하시겠습니까?
> • 면접과 같은 긴장 상황에서 본인을 어떻게 조절합니까?

㉠ 의사소통 및 소통능력을 확인하는 평정요소이다.

㉡ 동료들과 의사소통을 통해서 갈등을 해결한 경험을 주요하게 물어본다.

(2) 준비전략

인성면접은 지원자의 인품을 넘어 상기 평정 요소들을 평가하는 일종의 구술시험이다. 따라서 인성 평가라는 사고에 갇혀 무난한 모범 대답만 반복하는 것은 피해야 한다. 질문의 의도를 파악하고 그것을 조리 있게 말하는 능력이 중요하다. 주로 지원서나 자기소개서에 기반으로 하는 질문 또는 사회적으로 쟁점이 되는 뉴스와 시사상식에 대한 견해를 묻기 때문에 해당 내용을 사전에 숙지해야 한다.

② 직무면접

(1) 평정 요소

① **직무상식**

> • A 프로그램을 사용할 수 있습니까?
> • 해당 업무를 수행할 때 바람직한 태도는 무엇입니까?
> • 직무와 관련해 개인적으로 학습하거나 준비한 것이 있습니까?

㉠ 직무를 수행할 최소한의 학습 경험과 이해도·관심도를 갖추었는지를 평가한다.

㉡ 해당 직무를 담당할 때 필요한 기초 지식과 태도 등의 이해를 필요로 한다.

㉢ 전공 개론 수준의 이론 또는 사용하는 툴이나 프로그램 등을 묻는다.

② **응용능력**

> • 업무 과정에서 비효율적인 부분을 발견하고 개선한 경험이 있습니까?
> • 업무에서 실수를 줄이고 정확성을 유지하기 위한 자신만의 방법이 있습니까?
> • 업무 마감 시간이 얼마 남지 않았는데 시스템 오류가 발생했다면 어떻게 하겠습니까?

㉠ 직무 지식을 실제 현장에서 응용할 수 있는지 파악하기 위한 질문이다.

㉡ 직무와 관련된 상황을 분석하고 해결 전략을 제시하는 논리적 사고를 필요로 한다.

㉢ 어떠한 상황을 주고 그 상황에서 본인이라면 어떻게 할 것인지를 묻는 경우가 많다.

③ **직무이해도**

> • 이 직무를 수행하는 데 가장 중요한 역량은 무엇이라고 생각합니까?
> • B 법이 다음 달부터 개정 발효되는데 이유를 알고 있습니까?
> • C 안건을 본인이 한다면 어떤 순서로 하겠습니까?

㉠ 지원하는 업무를 정확히 이해하고 있는지를 확인하기 위한 질문이다.

㉡ 자신이 어떤 일을 해야 하는지 알고 해당 직종의 정책 및 지향점을 명확히 파악하는 것이 중요하다.

ⓒ 직무에 대한 세부적인 질문을 받았을 때, 기업의 비전 또는 미션과 해당 직무의 역할을 연결 지어 답변하는 것 또한 좋은 어필이 된다.

(2) 준비전략

직무면접은 지원자의 직무 적합성을 검증하기 위한 면접이므로, 지원하는 직무에 대한 기본 이론부터 응용 상식까지 포괄적인 내용을 숙지하는 것이 중요하다. 채용 공고의 직무 설명, 홈페이지의 기업의 직무 소개, NCS 직무기술서 등을 토대로 필요 역량과 툴 등을 명확하게 파악하도록 한다.

③ AI 면접

(1) 특징

AI가 면접관 역할을 대신하는 비대면 면접 유형 중 하나이다. 화상 카메라, 마이크 등을 준비해야 한다는 번거로움이 있지만, 시간과 장소의 제약이 없다는 것이 장점이다. AI가 지원자의 시선, 말투, 표정, 제스처까지 전부 분석하고 많은 인원의 면접을 빠르게 치를 수 있다는 점에서 AI 면접을 선호하는 곳이 늘고 있다.

(2) 준비전략

① AI 면접에서는 시선처리와 발음, 응답속도가 중요한 평가 요소로 작용한다. 많은 지원자가 카메라가 아닌 화면을 보는 실수를 하는데, AI 면접 시에는 화면이 아닌 카메라를 정확히 보는 연습을 하는 것이 좋다.

② 음성 인식 정확도를 높이기 위해서는 또박또박 천천히 말하고, 질문이 끝난 뒤 2~3초 정도의 간격을 두고 대답한다.

④ 개별면접

(1) 특징

한 명 또는 여러 명의 면접관과 한 명의 지원자가 면접을 치르는 것이다. 지원자가 한 명인 만큼 심층적인 질문과 다양한 꼬리 질문을 받는다. 지원자의 사고 과정과 태도를 집중적으로 검증할 수 있다는 특징이 있다.

(2) 준비전략

① 심화 질문에 대비하기 위해서는 채용 공고, 기업의 비전과 미션, 보도 자료, 직종과 관련된 시사상식, 최근 이슈, 지원서와 자기소개서 등을 모두 꼼꼼하게 숙지하도록 한다.

② 다 대 일 면접의 경우 심리적 압박감이 강할 수 있으므로 모의 면접을 통해 여러 면접관의 질문에 차분히 대응하는 연습을 해두는 것이 좋다.

③ 한 면접관의 질문에 답변할 때도 다른 면접관들과 자연스럽게 시선을 나누며 소통하는 자세를 유지해야 한다.

⑤ 토론면접

(1) 특징

면접자들을 조별로 나누어 특정 주제를 주고 찬반 토론을 하도록 하는 면접이다. 토론을 통해 도출해 낸 최종안도 중요하지만, 결론을 도출하는 과정에서의 의사소통능력 및 갈등 상황에서 의견을 조정하는 대처 능력 등도 중요하게 평가된다.

(2) 준비전략

① 적극적으로 나의 의견을 주장하는 것도 중요하지만, 경청하고 조정하는 능력도 평정 요소 중 하나라는 사실에 유념하여 토론에 임해야 한다. 다른 사람이 발언할 때 고개를 끄덕이거나 적절한 반응을 보이며 경청하는 비언어적 커뮤니케이션을 잊지 않도록 한다.

② 주제는 주로 최근 사회 이슈나 업계 관련 쟁점 중에서 나오는 경우가 많으므로 이를 중심으로 공부하는 것이 좋다.

⑥ 상황면접

(1) 특징

실제 업무 중 마주할 수 있는 상황을 제시하고 어떻게 행동할 것인지를 묻는 방식으로 진행하는 면접이다. 현장에서 겪을 수 있는 상황을 제시함으로써 입사 이후의 실제적인 업무 수행 능력을 중점적으로 평가한다.

(2) 준비전략

① 상황면접 특성상 면접 질문이 길다는 점에 유의한다. 질문의 핵심 의도를 짚어내고 적절한 답을 제시할수록 높은 점수를 얻을 수 있다.

② 다양한 관점을 고려하여 어려운 문제 상황에 대한 답을 미리 생각해 보고 구조화된 면접 답변을 준비하는 것이 좋다.

❼ 비대면 면접

(1) 특징

면접관과 지원자가 대면하지 않은 상태에서 진행하는 면접이다. 화상 프로그램을 통해 면접관과 질의문답을 주고받는 것과, 주어진 주제나 질문에 답하는 모습을 녹화하여 제출하는 것 두 종류로 나뉜다. 면접관이 사람이라는 점에서 AI 면접과는 차이가 있다.

(2) 준비전략

① 카메라와 마이크가 잘 작동하는지, 프로그램 설치나 설정이 맞게 되어있는지를 사전에 반드시 점검하도록 한다.

② 화면이 아닌 카메라 렌즈를 향해서 자연스러운 시선 처리를 유지하고, 질문이 끝난 뒤 2 ~ 3초의 간격을 두고 또렷하게 답변하는 것이 좋다.

③ 시스템 오류 등의 예상치 못한 상황이 벌어지더라도 당황하지 않고 침착하게 담당자의 안내에 따르도록 한다.

❽ 외국어 면접

(1) 특징

외국어로 진행되는 면접으로, 외국계 기업이나 업무상 외국어를 많이 사용하는 직종에서 주로 시행한다. 전문용어나 비즈니스 매너 등까지 전반적으로 갖춰야 하므로, 원어민 면접관이 면접을 진행하는 때도 많다.

(2) 준비전략

① 중요한 건 자신감이다. 면접장에서 외국어를 완벽하게 구사해야 한다는 사실을 부담스러워하는 지원자가 많다. 그러나 완벽하지 않더라도 자신감 있게 나를 표현하는 모습이 좋은 평가를 받을 수 있다.

② 문화권마다 예의범절이나 비즈니스 매너 등이 다르다는 점에 유의하고 미리 숙지하도록 한다.

❾ 발표면접 (PT면접)

(1) 특징

지원자가 제시된 특정 주제와 자료를 토대로 자기 생각을 발표하는 면접이다. 주어진 자료에서 핵심 주제와 맥락을 짚어낼 수 있는 능력과, 그것들을 기반으로 문제를 해결할 수 있는 능력 등이 주요 평정 요소이다.

(2) 준비전략

① 주제와 상황을 명징하게 파악하는 것이 가장 중요하다. 강조하고자 하는 핵심을 찾아내고, 서론 – 본론 – 결론의 체계적인 구조를 사용하여 이를 드러내는 것이 좋다.

② 발표할 때는 주어진 시간을 엄수하여 명확하고 자신 있는 태도로 한다.

❿ 다(多) 대 다(多) 면접

(1) 특징

다수의 면접관과 다수의 지원자가 함께 면접을 보는 것이다. 개별 역량뿐만 아니라 다른 지원자들과의 상호작용, 경쟁 상황에서의 태도 등을 종합적으로 평가한다. 제한된 시간 내에 자신을 효과적으로 드러내야 하는 점이 어렵지만, 다른 지원자와 비교하여 자신의 취약점이나 강점을 파악할 수 있다는 장점도 있다.

(2) 준비전략

① 사람들 사이에서 자신을 보여주는 것도 중요하지만, 다른 지원자들을 향한 태도도 중요하다. 다른 지원자가 답변할 때는 그 지원자를, 면접관이 질문할 때는 그 면접관을 바라보며 경청하는 태도를 보인다.

② 다른 지원자와 답변이 겹치지 않도록 한 질문에 다양한 답변을 준비하는 것이 좋다.

Q. 자기소개를 간단하게 해 보세요.

A. 안녕하십니까, A사 B계열에 지원한 OOO(이)라고 합니다. 저는 제 핵심 강점인 책임감을 바탕으로, 어느 조직에서나 끈질긴 분석과 협업을 통해 목표 달성에 기여하고자 노력해 왔습니다. 이 과정에서 업무에 필요한 문제 해결 능력과 추진력 또한 키울 수 있었습니다. 실제로 여러 프로젝트에 참여하여 직접 제안한 아이디어로 성과 개선에 기여한 경험이 있습니다. 입사 후에도 이러한 역량과 경험을 바탕으로 빠르게 업무에 적응하고, 장기적으로는 A사의 핵심 인재로 성장할 수 있도록 노력하겠습니다. 감사합니다.

> **TIP** 블라인드 면접 시 학교명이나 나이 등의 신상정보를 빼고, 직무와 관련된 강점 중심으로만 답변해야 한다. 자신의 성향을 한 문장으로 요약하고, 이어서 간단한 경험으로 근거를 제시한 뒤, 그 역량이 지원 직무에 어떻게 도움이 되는지 언급하며 마무리하면 좋다.

Q. 우리 회사를 지원한 이유는 무엇입니까?

A. 회사의 성장 방향성 및 추구하는 목표가 제 가치관과 역량에 잘 맞는다고 생각했기 때문입니다. 저는 조직의 성격과 구성원의 역량이 맞닿을 때 가장 큰 성과를 만든다고 믿습니다. A사가 명확한 목표를 갖고 체계적으로 성장 전략을 실천하는 조직 문화를 갖추고 있으며, 구성원들이 도전하면서도 협업을 중시하는 환경에서 일하고 있다는 점이 인상 깊었습니다. 저 또한 A사에서 책임감 있게 협업하고 결과를 내는 사람으로 성장하고 싶어 지원했습니다.

> **TIP** 홈페이지나 채용 공고에서 언급되는 핵심 가치 또는 인재상을 파악하고, 이를 자신의 성향과 연결 지어 기업과 자신의 지향점이 일치함을 강조하는 것이 바람직하다. 마무리는 능동적이고 미래지향적인 표현을 사용해 입사 의지를 드러내면 좋다.

Q. 해당 직무에 지원한 이유는 무엇입니까?

A. 저는 문제를 해결하고 가치를 창출하는 과정에서 큰 성취를 느끼는 사람입니다. 해당 직무가 분석을 바탕으로 명확한 결과를 만들어내며, 팀과 조직 목표 달성에 직접적으로 기여할 수 있다는 점이 매력적으로 다가왔습니다. 이전에도 주어진 과제를 체계적으로 분석하고 접근하여 성과를 낸 경험이 많이 있습니다. 때문에 해당 직무에서 제 흥미와 역량을 가장 효과적으로 발휘할 수 있다고 생각했습니다.

> **TIP** 직무에 대한 지원자의 이해도와 직무 적합성을 파악하기 위한 질문이다. 효과적인 답변을 위해서는 지원하는 직무의 핵심 역할을 정확히 파악하고 있다는 사실을 드러내고, 그 안에서 자신의 역량을 발휘할 수 있다는 점을 어필하는 것이 좋다. 해당 역량을 효과적으로 발휘한 사례를 더하면 설득력을 높일 수 있다.

Q. 자신의 장·단점은 무엇이라고 생각합니까?

A. 저의 장점은 인내심입니다. 어렵고 힘든 문제를 만나도 쉽게 포기하지 않고 해결할 때까지 끊임없이 노력하기 때문입니다. 단점은 목표가 없으면 쉽게 나태해진다는 점입니다. 이를 극복하기 위해서 평소에도 맡은 일에 단계별로 구체적인 목표와 계획을 세우고 점검하는 습관을 만들었습니다.

> **TIP** 장·단점을 묻는 질문은 자신의 약점을 어떻게 관리하고 성장의 계기로 삼는지를 평가하기 위한 목적이 있다. 따라서 단점을 언급할 때는 너무 사소하거나 추상적인 것보다는 개선 가능성과 보완 의지를 드러낼 수 있는 현실적인 문제를 제시하는 것이 좋다.

Q. 취미가 무엇입니까?

A. 제 취미는 조깅입니다. 운동을 하면 몸과 마음이 개운해질 뿐만 아니라 생각도 정리할 수 있기 때문입니다. 건강관리에 큰 도움이 되고 있기 때문에 조금 바쁘거나 피곤하더라도 시간을 내 꾸준히 조깅이나 산책을 하고 있습니다.

> **TIP** 취미를 통한 지원자의 성실성, 자기관리 태도 등을 파악하려는 의도를 내포한다. 따라서 단순히 '운동을 좋아한다', '독서를 한다'처럼 열거식으로 답하기보다, 해당 취미가 자신에게 어떤 긍정적 영향을 주는지를 들어 답변하는 것이 바람직하다.

A. 여가 시간에는 주로 취미인 조깅을 하면서 보내는 편입니다. 하지만 밤이거나 날씨가 안 좋을 때는 책이나 영화를 보기도 합니다. 중요한 것은 균형 있는 활동과 휴식을 통해 체력을 관리하며 업무 시간에 필요한 집중력을 확보하는 것이라고 생각합니다.

> **TIP** 시간 분배와 자기관리에 대한 체계적인 태도나 긍정적으로 업무 에너지를 회복하는 모습을 보이면 좋은 인상을 남길 수 있다. 이는 주어진 자원을 효율적으로 활용하고 장기적인 업무 수행에서도 안정적인 성과를 낼 수 있는 사람으로 평가 받는 데 도움을 준다.

A. 스트레스를 받는 상황이 생기면 우선 감정적으로 반응하기보다 이성적으로 상황을 정리하고 마음을 다스릴 수 있도록 노력합니다. 보통 짧은 산책이나 조깅으로 생각을 환기하는 것이 도움 되었습니다. 스트레스 해소는 감정 배출이 아닌 문제를 해결하기 위한 정리 과정이라고 생각하고 있습니다.

> **TIP** 긍정적이며 건강한 방법을 제시하고, 구체적인 예시를 들어 자신만의 스트레스 해소법을 언급하는 것이 좋다. 이를 통해 압박 상황에서도 일의 균형과 효율을 유지할 수 있는 안정적인 지원자로 인식될 가능성이 높다.

A. 카시와기의 「데이터 문해력」을 읽었습니다. 데이터를 어떻게 해석하고 업무 의사결정에 활용할 것인지에 대한 책입니다. 데이터 활용 능력이 더욱 중요해지고 있는 시대인 만큼 데이터를 통해 실제 문제를 해결하는 방법을 더 잘 이해해야 한다고 생각했습니다. 책을 읽으며 데이터를 다루는 기술적 역량뿐만 아니라 그 속의 맥락을 이해하는 능력도 함께 키워야겠다고 느꼈습니다.

> **TIP** 자기 계발과 직무 역량 향상을 위해 노력하는 태도를 어필할 수 있는 질문이다. 단순히 책의 줄거리나 내용 요약을 말하기보다, 그 책을 통해 무엇을 느꼈고 어떤 점을 배우게 되었는지를 중심으로 답변하면 설득력이 높아진다.

A. 저는 팔로워에 좀 더 가깝다고 생각합니다. 지금까지 상황을 분석하고 소통하는 능력을 통해 리더의 아래에서 팀을 하나로 만든 경험이 많았기 때문입니다. 그러나 좋은 팔로워의 경험이 있어야 좋은 리더도 될 수 있다고 생각합니다. 조율이 필요한 순간에는 앞장서서 의견을 모으고 정리하는 리더 역할도 마다하지 않고자 합니다. 팀의 성과를 위해 두 역할을 유연하게 수행하는 사람이 되겠습니다.

TIP 자신의 강점과 역량에 대해 충분히 이해하고 있는 것이 중요하다. 구체적인 경험을 근거로 들어, 적절한 자리에서 스스로의 역할을 충실히 수행할 수 있는 인재라는 점을 설명한다. 가능하다면 한쪽만 일방적으로 강조하기보다 두 역할을 상황에 따라 조화롭게 수행할 수 있는 유연성을 보여주어도 좋다.

A. 나이보다는 개인이 가진 전문성과 역량이 더 중요하다고 생각하므로 개의치 않습니다. 실제로 인턴 활동 중 저보다 어린 선배와 함께 일했던 적이 있습니다. 그분은 업무 경험이 많고 문제 해결 능력이 뛰어났기 때문에 옆에서 많이 여쭤보고 배울 수 있었습니다. 조직에서 상사라는 사실은 그만큼 인정받은 경력이 있다는 의미이기 때문에, 나이와 관계없이 존중하며 배우는 자세로 임하겠습니다.

TIP 조직 내 위계에 대한 이해도와 관계 유연성을 파악하기 위한 목적이 있다. 합리적인 근거와 경험을 토대로 연령보다 역량을 중시하는 성숙한 사고방식을 드러내는 것이 좋다.

A. 먼저 지시받은 일의 목적과 필요성을 여쭤보겠습니다. 신입사원인 만큼 제가 해당 지시의 의미를 제대로 파악하지 못했을 수 있다고 생각하기 때문입니다. 그럼에도 명백히 업무와 무관한 사적인 일이라고 판단되면, 현재 더 필요한 업무에 집중하기 위해서 정중하게 거절하겠습니다.

TIP 지원자의 문제 대처 능력, 윤리관 등을 평가할 수 있는 질문이다. 우선 상황을 객관적으로 파악하려는 시도 이후 합리적인 결정을 내리는 모습을 보이면 보다 긍정적인 평가를 받을 수 있다. 언행에서는 예의와 조직 존중의 자세를 잃지 않는 태도 또한 중요하다.

A. 지원할 때 순환근무에 대한 사실을 충분히 숙지했기 때문에 기꺼이 받아들일 준비가 되어있습니다. 저는 환경이 바뀌는 것을 어려워하지 않고, 새로운 일에 도전하는 것을 좋아하는 편입니다. 물론 처음에는 낯설 수도 있지만, 그만큼 다양한 경험을 쌓고 폭넓은 시각을 갖춰 보다 성장하는 기회로 삼고자 합니다.

TIP 기업의 인사 정책을 존중하면서도 변화에 긍정적으로 대응하려는 자세로 답변하는 것이 바람직하다. 즉, 곤란하다거나 어렵다고 단정 짓기보다는 이를 성장의 기회로 삼아 조직에 기여하겠다는 의지를 드러내는 것이 좋다.

A. 우선은 저의 업무 처리 방식을 점검해보겠습니다. 업무에 요령이 부족하거나 서툴러서 생긴 문제일 수 있으므로 이를 개선해야 한다고 생각합니다. 선배님께 효율적인 방법을 여쭤보고 불필요한 시간을 줄이는 법을 익힐 계획입니다. 그런데도 업무량이 과다하다고 느껴진다면, 팀 내 상급자분께 상담을 요청해 조율하겠습니다.

TIP 먼저 스스로 업무를 완수하려는 의지를 보이고, 개인의 역량을 넘는 불가피한 상황임을 인지했을 때는 구체적인 해결 전략을 제시하여 원만한 문제 해결 능력과 소통 능력을 갖추었음을 밝히는 것이 바람직하다.

A. 겸허히 결과를 받아들이고 준비 과정에서 부족했던 부분을 점검하는 계기로 삼겠습니다. 특히 면접을 준비하며 느꼈던 제 역량의 한계나 보완이 필요하다고 생각한 부분을 중심으로 다시 정리하고, 관련 경험과 역량을 보완해 나가겠습니다.

TIP 채용 결과와 관계없이 지원자의 회복 탄력성, 직무에 대한 지속적인 관심과 준비 의지를 확인하고자 하는 질문이다. 감정적으로 반응하기보다는 자신에게 부족했던 점을 돌아보고 향후 계획을 성숙하게 수립하겠다는 태도를 보이는 것이 좋다.

- 인생의 목표가 무엇인가?

- 우리 회사에서 본인을 꼭 뽑아야 하는 이유는 무엇인가?

- 당신의 성격이 직무에 어떤 기여를 할 수 있겠는가?

- 주변 사람들이 본인에 대해 어떻게 평가하는가?

- 삼성과 SK하이닉스의 차이는 무엇인가?

- SK하이닉스에 입사해서 가장 먼저 하고 싶은 업무는 무엇인가?

- 업무 수행에 있어 가장 중요한 역량은 무엇이라고 생각하는가?

- 본인은 창의성이 있는 편이라고 생각하는가?

- 우리 회사에 입사하기 위해 노력한 것은 무엇인가?

- SK하이닉스의 약점은 무엇이라고 생각하는가?

- 도체와 반도체, 부도체의 차이에 대해 설명해 보시오.

- 자신의 가치관을 영어로 말해 보시오.

- 면접관에게 하고 싶은 질문이 있다면 해 보시오.

- 본인을 동물에 비유한다면 어떤 동물이고, 그 이유는 무엇인가?

- 입사 후 상사와 마찰이 있다면 어떻게 극복할 것인가?

- SK하이닉스에서 주로 생산하는 제품이 무엇인지 아는가?

- 휴일 근무에 대한 본인에 생각을 말해 보시오.

- 이 분야에 지원한 동기는 무엇인가?

- 본인이 지원한 분야가 무엇이라고 생각하는가?

- 우리 회사에서 본인이 잘할 수 있는 일이 무엇인가?

- 우리 회사의 기사나 광고를 본 적이 있는가?

- 본인이 남들보다 자신이 있다고 생각하는 점은 무엇인가?

- 메인트 직무의 핵심역량은 무엇이라고 생각하는가?

- 반도체 8대 공정에 대해 설명해 보시오.

- 마지막으로 각오 한 마디를 한다면?

시사용어사전

매일 접하는 각종 기사와 정보! 공기업/언론사/기업체/공무원 채용을 준비하는 수험생과
현대인이 꼭 알아야 할 최신 시사상식을 쏙쏙 뽑아 이해하기 쉽도록 영역별로 정리

경제용어사전

주요 경제용어는 거의 다 실었다! 금융권/공기업/언론사/기업체/공무원 채용을 준비하기 전에,
경제 공부를 시작하기 전에 읽어보면 경제가 쉬워지도록 사전식으로 구성

부동산용어사전

부동산에 대한 이해를 높이고 부동산의 개발과 활용, 투자 및 부동산 용어 학습에도
적극적으로 이용할 수 있는 교재, 공인중개사 출제용어도 수록

자격증

한번에 따기 위한 서원각 교재

한 권에 준비하기 시리즈 / 기출문제 정복하기 시리즈를 통해 자격증 준비하자!